L'AMOUR ULTIME

MARIE DE HENNEZEL
JOHANNE DE MONTIGNY

L'Amour ultime

L'accompagnement des mourants

HATIER

Marie de Hennezel, psychanalyste formée à l'haptonomie, est la première psychologue intégrée à une unité de soins palliatifs en France. Elle travaille à l'hôpital international de la Cité universitaire, et s'occupe également des malades atteints du sida à l'hôpital de Notre-Dame du Bon Secours. Elle assure des stages de formation à l'accompagnement des mourants.

Johanne de Montigny, restée seule survivante d'un accident d'avion qui a coûté la vie à dix-sept personnes, travaille dans l'unité de soins palliatifs de l'hôpital Royal Victoria de Montréal, et s'occupe de malades atteints du sida.

Sommaire

Avant-propos

Ce livre évoque la mort comme un moment intense de la vie, il ose parler du « dénaître » comme d'un acte que le fait d'être l'acte ultime rend plus important (comme le dit Louis-Vincent Thomas dans sa préface). Nous sortons à peine d'une étrange période de dénégation de la mort. On la cachait, on la déniait, on en avait honte, les rites de mort n'avaient plus cours, étant surtout dévolus à une gestion commerciale de l'élimination des corps. Si possible on cachait tout cela aux enfants au prix de mensonges destructeurs qu'ils feignaient de croire par amour pour leurs aînés apeurés. Il y aurait beaucoup à dire sur les raisons de cette tentative d'asepsie autour d'un instant capital, qu'aucune civilisation avant la nôtre n'avait poussée jusqu'à ce point.

On pourrait écrire des pages pour tenter d'expliquer les raisons de cette tentative collective d'évitement, là n'est pas mon propos. En tant que médecin, en tant qu'être humain, j'ai éprouvé les ravages qu'un tel abord de la mort fait sur ceux qui partent comme sur ceux qui restent. Mourir seul parmi les appareils destinés à protéger la vie, mourir seul entouré de vivants avec lesquels on ne peut pas dire son angoisse de la séparation et qui vous tapotent les joues d'un air jovial en vous trouvant meilleure mine alors qu'on sent la vie qui file de tous nos sens, c'est ce qui trop souvent est *imposé aux humains. Alors que seuls de tous les mammifères, ils ont vécu toute leur vie avec la mort autour d'eux, dans la réalité, dans leur inconscient, dans leur imagination, dans toutes les productions artistiques de la société où ils vivent. Il semble qu'en ce domaine, nous ayons dans les sociétés occidentales modernes atteint les limites de l'inhumain. Et nous sommes allés assez loin pour que certains prennent peur des conséquences de cette peur organisée, institutionnalisée. Accroissement inutile de l'angoisse et des souffrances des mourants, culpabilité indicible pour ceux qui restent avec, plantée au cœur, l'épine de la solitude dans laquelle ils ont laissé partir l'être cher. Culpabilité qu'accompagne tout le cortège des troubles physiques et psychiques qu'elle entraîne chez eux et ceux qui les entourent. Voilà le résultat de ces aveuglements.*

Tous les membres de notre société, qu'ils le sachent ou non, payent un jour ou l'autre un lourd tribut à ces pratiques qui nient un temps essentiel de la vie, celui de la dernière séparation, celui du dernier adieu, alors qu'elle marque, avec emphase parfois, des événements dérisoires.

Pour écrire le livre que j'espérais, il fallait quelqu'un qui vive quotidiennement la dimension affective de la mort, quelqu'un qui en perçoive la richesse et, souvent même, la beauté. Il fallait quelqu'un qui ose revendiquer l'affectivité comme élément essentiel de ce qui se passe là. Cela suppose un certain courage dans une société où l'effectivité fait loi. Le destin a voulu que ce quelqu'un ne soit pas seul, que deux femmes, venant d'horizons différents, vivant de part et d'autre de l'océan, portent le même regard sur la mort et puissent chacune enrichir la réflexion de l'autre de l'essentiel de son expérience. Johanne de Montigny est restée seule survivante d'un accident d'avion qui a coûté la vie à

4

dix-sept personnes : ce fut un tournant dans sa vie. Marie de Hennezel fut la première psychologue intégrée dans une unité de soins palliatifs en France (celle du professeur Abiven à l'hôpital de la Cité universitaire). Elles ont toutes deux accepté de dialoguer avec Lise Monette, psychanalyste québécoise.

Avec Marie, j'ai partagé la rencontre avec l'haptonomie que nous a fait découvrir Frans Veldman. C'est de là, entre autres, que viennent notre proximité et notre certitude partagée que l'être humain a droit dans tous les moments de sa vie à ce que soit reconnu son besoin de sécurité affective et de tendresse. Ce sont là des forces puissantes qui permettent à chacun d'aller au-delà de lui-même dans une relation qui le révèle à lui-même. De nos jours, ces choses-là sont taboues ou risibles. Cependant, si vous osez écouter ces voix de femmes qui s'élèvent d'un continent à l'autre, qui témoignent pour tous ceux qu'elles ont accompagnés dans la mort, vous éprouverez l'importance de cette démarche pour chacun d'entre nous. En refermant ce livre, vous aurez compris, je l'espère, à quel point tout ce qui s'échange là est précieux.

Catherine Dolto-Tolitch.

REMERCIEMENTS

Je tiens à remercier tout d'abord l'équipe des soins palliatifs de l'Hôpital international de l'Université de Paris, ainsi que tous ceux qui m'ont apporté leur soutien, en particulier les docteurs Tristane de Beaumont, Yves Camberlein, Claude Gubler, Jean Pichard, Bernard Richard, Bernard This, J.M. Tirouvanziam.

Je remercie également Frans Veldman, fondateur de l'haptonomie, et Anne-Marie Van Polen, pour tout l'apport de leur présence affective et les perspectives qu'ils m'ont ouvertes.

Je remercie enfin Christopher Thiéry et mes enfants, Laure, Édouard et Jean, mes compagnons de vie.

Marie de HENNEZEL

Ce livre est pour moi l'occasion de témoigner ma profonde reconnaissance et ma tendresse aux psychologues et professeurs Pierre Grégoire et Paul Frappier pour leur soutien inestimable.

Je remercie toute l'équipe de l'unité des soins palliatifs de l'hôpital Royal Victoria de Montréal, merveilleusement dirigée par le Dr Balfour Mount, son fondateur, les Drs Ina Ajemian et Marcel Boisvert, et par Yvonne Corbeil.

Je veux également exprimer mon affection aux infirmières et à leurs responsables, Irène Corbett et Rhoda Hoffman. Enfin, je désire rendre hommage au Dr Jacques Voyer, psychiatre, qui m'a frayé le chemin de cette belle carrière.

Johanne de MONTIGNY

*A tous ceux et celles
que nous avons accompagnés
et dont nous avons tant appris.*

Préface

Mourir est le dernier acte de notre vie ; aussi doit-il être pris au sérieux. Peu importe que la mort ait un sens ou qu'elle soit absurde, qu'elle débouche sur le néant ou qu'elle devienne promesse de re-naissance, selon le jeu de nos croyances. Cet ultime moment n'est pas seulement le terme de notre existence ; il la définit pour toujours. Surtout, il ne peut se réussir que dans la relation (hormis, bien sûr, le cas de la mort subite). Notre monde vient enfin de redécouvrir ce qu'il avait perdu : le rituel de fin de vie, cet accompagnement qui suppose une resocialisation de l'espace ou, mieux encore, la métamorphose d'un espace en un lieu substituant à la logique simplificatrice du cercle celle des réseaux aux entrelacs complexes. La question de la mort est bien celle de l'altérité : l'autre avec est aussi l'autre en face. « Cette absence de l'autre est précisément sa présence à l'autre », pour reprendre Levinas.

L'accompagnement du mourant demeure avant tout une fonction maternelle. Qui, mieux que la femme, peut aider à naître et à dé-naître, toute mort étant en effet dé-naissance ? Pas nécessairement la femme médecin. Je dirais même de moins en moins la femme médecin, mais plutôt l'aide-soignante, l'infirmière, à plus forte raison celle qui a une solide pratique en sciences humaines.

Ce n'est pas par hasard que l'échange si intelligent, si chargé de sensibilité et d'empathie que vous allez lire s'établisse entre un psychanalyste de France et une psychologue du Canada. Bel exemple de complicité entre deux disciplines sœurs et deux pays frères. Mais tout entretien doit beaucoup de sa réussite au bien-fondé des questions. Cette conversation sur le mourir aurait-elle pu exister sans les judicieuses interrogations de Lise Monette, auteur de la postface, qui anime et conduit le débat avec tant de talent ?

Ce qui n'enlève rien, cela s'entend, au grand mérite de Marie de Hennezel, la psychanalyste de France, et de Johanne de Montigny, la psychologue du Québec.

Cette formule de l'interview/discussion à deux voix n'allait pas sans péril. Elle s'établit un peu au détriment de la logique interne, n'évitant pas toujours les redondances, et de l'approfondissement, de certains thèmes, une question chassant trop vite l'autre. Mais le pari est largement gagné. La stratégie suivie rend le texte plus vivant et plus fluide, multiplie les facettes prises en compte, facilite les rebondissements. En outre, n'est-ce pas fréquemment de la confrontation que jaillit la lumière ? Certes, il y a parfois plus de questions posées que de réponses données. Tant mieux. Il ne s'agit pas ici d'un manuel ou d'un recueil de recettes. Les incertitudes, les interrogations soulignent mieux la difficulté de la tâche d'accompagnement et confèrent à ce beau texte sa dimension heuristique indéniable. Aucun dogmatisme, aucune référence doctrinale pesante dans ce livre qui interpelle le lecteur à chaque page et procède par touches nuancées bien que profondes et pertinentes. Quant aux allusions toujours discrètes et bienvenues aux cas vécus qui nous prennent aux tripes, elles ajoutent une dimension humaine du plus haut prix.

> « *Accompagner le mourant — c'est-à-dire cheminer à ses côtés jusqu'au terme — exige de nombreuses qualités : l'humilité, l'authenticité, la spontanéité, la souplesse, la générosité, l'ouverture à l'autre, l'accueil des différences, la capacité de soutenir le silence.* »

Une idée force circule dans tout le texte : considérer celle ou celui promis au trépas comme un sujet humain-qui-possède-encore-du-vivre et qu'on doit conduire vivant vers l'issue fatale. Étant bien entendu qu'aider à vivre jusqu'au bout, c'est aussi laisser mourir et respecter le désir de mort quand il habite le moribond.

Mourir, nous l'avons plusieurs fois écrit, est une dyade mettant en présence un technicien, l'aidant, et la personne qui va décéder. Bien que le terme ne s'atteigne, en définitive, que dans la solitude totale pour celui qui va décéder, on meurt toujours à deux, même si seulement l'un des partenaires franchit le pas tandis que l'autre survit. Dans cet échange, la personne qui accompagne donne de sa force redoublée, de sa vie, de son amour tandis que l'autre reçoit. Mais cette dernière apporte aussi des leçons sur l'inattendu de son aventure, sur la « façon de se mettre au monde » avant de disparaître. L'acte de mourir renvoie à l'acte de naître, au mystère de son destin. Si bien que le mourant aide, à sa manière, le soignant à l'aider. L'accompagnement est dialectique ou n'est pas. La personne qui accompagne ne doit-elle pas apprendre à surmonter « le terrifiant » ? Voilà pourquoi s'impose à elle l'obligation d'« aller à son rythme », de « reconnaître ses limites » et même de les « travailler avec un collègue à qui l'on peut se confier ». Il lui faut, et la tâche reste malaisée, savoir avant toute chose lire un double désir : le sien et celui de l'autre, quitte à comprendre qu'à un moment venu, le mourant ressente le besoin d'être seul.

Ainsi se réalise, par le biais de gestes et d'attitudes adaptés à chaque patient, la corporalité de rencontre ; le partenaire bien-portant et le moribond tissent alors des liens riches, féconds et pourtant ténus, ceux de deux « corporalités animées ». Qu'importe si le drame qui éclate à l'intérieur du corps souffrant et se donne à voir à l'extérieur s'achève en présence ou en l'absence de celui qui assiste, au double sens du mot. Car il y a parfois « des naissances qui se font dans le secret ». Au cours de ce jeu rituel où l'aidant reste présent, l'être là ayant parfois plus de poids que le faire ceci, il lui faut aussi savoir se taire. Ce que désire le mourant, c'est qu'on l'écoute :

> « ... l'écoute de ses besoins, de ses peurs, du non-dit, de l'inconscient. Il désire notre présence silencieuse, une présence qui symbolise la sécurité, l'accompagnement, la vie, la continuité. »

Il nous faut aussi, sans jamais nous identifier à lui, l'aimer très fort afin d'être plus efficaces. En effet, seul l'amour sécurise s'il reste don et non fusion. Lors de cette relation, pas de recettes toutes faites. Celle-ci requiert une capacité personnelle, sans doute. Elle exige plus encore un long apprentissage au chevet du malade dont il faut reconnaître « les besoins et les différences ». D'autant plus qu'il n'existe pas deux fins de vie qui se ressemblent : « composer avec l'imprévu » devient la règle d'or. Accompagner, c'est « s'ajuster », faire l'effort d'un questionnement quasi permanent, perpétuellement se remettre en cause. On devine l'ambiguïté d'une telle situation. D'elle émanent à la fois une grande puissance (faisant preuve d'un difficile savoir-faire, le corps bien-portant assume le corps en perdition) et aussi une forte impuissance (puisque le mourant emporte, avec son mystère, le meilleur peut-être de celui qui l'assiste et qui doit accepter de vivre dans le doute et l'incertitude). L'aidant se voit encore dans la nécessité de « négocier ses contradictions », d'« interroger ses paradoxes », de faire front à l'« effet de surprise » en résonance avec son vécu personnel et la réaction imprévisible du patient. Bref, de se trouver toujours en position de créativité : face à la mort, « la seule liberté dont on dispose [...] c'est de choisir le niveau auquel on va la vivre, c'est d'assumer une castration symbolique ». Ce qui implique, par voie de conséquence, une place importante accordée à l'authenticité. Tricher, même pour la bonne cause, équivaut à tuer, tout en cessant d'être crédible :

> « S'il est un sens qui demeure alerte chez le mourant, c'est bien celui de la perception du non-dit, de la conspiration des silences inopportuns ou de paroles fabriquées. Il ne faut surtout pas faire semblant. »

D'autres difficultés surgissent. Tout d'abord la pression de la durée : en permanence le soignant est amené à se battre contre le temps, devant « l'urgence du temps qui reste ». Maintenant ou jamais, absolument. Telle est la loi inexorable ; car le trop tard peut advenir trop tôt. Faire le plus possible, avec le souci obligé du recul, marque constamment cette *unfinished business* qu'est l'aide au mourant. Et voilà qui alourdit encore la tâche et multiplie embûches et obstacles. Le mourant n'est pas seul en lice ; interviennent aussi médecins, infirmières, aides-soignants, membres de la famille. D'où, singulièrement pour le psychologue, le risque, dans sa double démarche d'écoute et de confidentialité, de ne pas trouver la réponse. Mais, d'une certaine manière, c'est en partie grâce à ce manque frustrant que celui-ci « continue à espérer ». Autre donnée capitale : le besoin de spiritualité du patient s'inscrit parfois dans la relation d'aide. Derrière cette aspiration qui peut être très forte se dit :

> « ... une joie profonde, celle de célébrer la vie. Cette sensation à la fois diffuse et précise, intérieure et extérieure, a une allure d'espace océanique et de ciel infini. Pour ceux et celles qui sont possédés d'un tel état, on a nettement l'impression que la mort ne pourra l'achever. »

Enfin, un dernier point, qui, à nos yeux, revêt une grande importance, réside dans la liturgie du souvenir, sorte de service commémoratif célébré chaque trimestre avec la famille : « Nous tentons de reconnaître ensemble la perte et de vivre la douleur du deuil », rituel lesté de symboles quant à une « guérison possible chez les survivants ». C'est le moment de noter que certains mourants s'arrangent pour laisser des traces matérielles de leur passage, comme s'ils « tentaient de se prolonger », de vivre encore au-delà de leur mort.

D'autres thèmes devraient être évoqués, que ce livre aborde avec discernement. Citons les principaux. Le fait que les mourants apprennent aux vivants que « l'amour l'emporte sur la maladie comme sur la santé ».

> « Ils ont renforcé ma joie de vivre et m'ont transmis la force de mourir. Je crois personnellement que plus on aime la vie, plus on se sent capable de mourir. Disons tout simplement que j'en ai la force, mais pas du tout envie. »

Ce qu'on dit, trop rapidement peut-être, du sida qui, par la manière dont il survient ou se propage, par le vécu de celui qui le subit et porte en lui l'irrécusable promesse de mort, pose d'une nouvelle manière notre rapport au mourir ; ici c'est le diagnostic qui devient fatal, « c'est le mot *sida* qui tue, pas la maladie ». Ou bien encore, sur le bénévolat ou les conditions de l'accompagnement à domicile qui deviendra la solution de l'avenir.

Accompagner le mourant, c'est peut-être encore exorciser sa propre peur de la mort en l'affrontant chez l'autre. C'est aussi un savoir-faire difficile, d'autant plus que le bon accompagnement ne génère pas nécessairement une bonne mort. D'ailleurs, celle-ci existe-t-elle ? Pour échapper à l'angoisse du quotidien, les stratégies imposent l'importance de l'équipe ou du groupe de paroles, le besoin de se ressourcer auprès de la vie, de la nature, des enfants, l'esprit de légèreté au sens dynamique du terme mais qui n'exclut pas l'attachement, le sens de l'humour. N'ai-je pas écrit quelque part qu'il n'y avait que trois façons de lutter contre la mort de l'autre : l'amour, le souvenir et l'humour ? L'enjeu est de taille. Ne consiste-t-il pas « à vivre intensément aux côtés d'une mort lancinante, celle qui finit par nous donner le sentiment que le mourir est une étape tout à fait naturelle de la vie et que la vie est un privilège exceptionnel » ?

Certes, j'ai laissé dans l'ombre trop de choses riches de sens. Mais la tâche primordiale du préfacier n'est pas de tout dire ; elle veut surtout donner le désir de lire. On pourra aussi trouver étrange le fait que je n'ai pas fait de distinction entre les partenaires de la conversation. C'était mon parti pris. En dépit de quelques divergences liées à leur sensibilité, à leur formation, à leur pratique, nos deux authentiques

« accoucheuses » pourraient bien, selon moi, ne constituer qu'un seul et même personnage, l'auteur de ce bel essai en dialogue qui m'a fasciné.

Louis-Vincent Thomas
Professeur d'anthropologie à la Sorbonne, Paris.

Conversation
sur l'expérience de
l'accompagnement
ultime

Lise Monette ■ Vous travaillez toutes les deux dans une unité de soins palliatifs, alors, parmi toutes les questions qui se posent concernant l'accompagnement des mourants, il en est une d'ordre général que j'aimerais vous poser d'abord : dans votre travail, vous percevez-vous davantage comme accompagnantes ou comme intervenantes ?

Johanne de Montigny ■ D'emblée, je suis portée à répondre que je me sens accompagnante. Je crois bien que je suis à l'occasion intervenante ; c'est mon métier. Mais au départ, et au fond de mon être, quand je me retrouve auprès d'un malade, je me perçois comme une accompagnante. Je l'accompagne. Me retrouver aux côtés d'un malade en phase terminale, c'est pour moi découvrir comment cette personne se prépare à une mort imminente. Mais est-ce qu'elle s'y prépare ? Est-ce qu'elle sait ? En est-elle consciente ? Dans ce sens, j'ai l'impression d'accompagner la découverte que nous allons faire ensemble, parce que accompagner signifie suivre le malade, être à ses côtés, là où il se trouve. C'est pourquoi l'intervention ne surgit pas au premier plan.

Marie de Hennezel ■ Pourquoi opposer ou différencier à ce point l'intervention et l'accompagnement ? L'intervention n'est pas nécessairement une intrusion, comme si on entrait sans frapper dans le monde, le vécu de l'autre. Si, par la qualité de notre présence, nous sommes déjà chez l'autre, dans ce que nous avons en commun, comme notre questionnement sur le sens de la vie et de la mort, l'intervention devient alors une rencontre, une entrée en relation. C'est sans doute à la condition d'éprouver un respect infini pour le chemin particulier d'un être qu'on peut oser lui proposer de l'accompagner et, à l'occasion, de l'aider.

Johanne ■ En pratique privée, assise devant une personne qui veut entreprendre une démarche psycho-thérapique déjà validée par sa demande d'un rendez-vous, la légitimité de ma présence est en quelque sorte confirmée par le désir de l'autre d'explorer sa situation personnelle. Dans le contexte des soins palliatifs offerts à l'hôpital, j'entreprends la démarche contraire : je vais au-devant du patient et j'offre mes services de psychologue à quelqu'un qui, manifestement, n'a rien demandé. La légitimité de ma présence n'est pas évidente. D'ailleurs, à mon arrivée aux soins palliatifs, je portais un insigne m'identifiant comme psychologue et, chaque fois que j'abordais un malade, il me disait : « Psychologue ! Mais vous allez me faire parler de la mort ! » ou encore il ne disait rien, mais affichait un silence éloquent. J'ai décidé d'inscrire plutôt *Patient and Family Support* (soutien au patient et à la famille), ce qui a facilité mon entrée dans la chambre des malades. C'est là que j'ai pleinement réalisé l'importance de l'approche.

Lise ■ Dans la mesure où c'est une offre que vous faites, qu'avez-vous le sentiment d'offrir ? Il y a quand même là quelque chose d'audacieux, de prétentieux, non ? Quels sont votre place et votre rôle par rapport à la place et au rôle tenus par la famille dans l'accompagnement ?

Johanne ■ Les proches sont, pour la plupart, profondément affectés par la mort imminente d'un être cher.

Tout comme le mourant, ils ont peur, différentes peurs, mais surtout celle de ne pouvoir accompagner « adéquatement » jusqu'au bout. Ils souffrent du deuil anticipé, cherchant d'avance comment survivre à la disparition, à l'absence de l'autre. Ils sont également des accompagnants, mais je dirais malgré eux. Ils n'ont pas nécessairement choisi de l'être. Ils accompagnent le malade parce qu'ils l'aiment, ou encore pour ne pas être confrontés au dur sentiment de culpabilité. L'un n'exclut pas l'autre. Tous les « si j'avais su », « si j'avais pu », « j'aurais dû » nous confirment l'amour ou la souffrance de n'avoir pu aimer. La famille vérifie constamment sa façon d'accompagner auprès du personnel soignant. Souvent, le patient nous demande d'aider sa famille à traverser l'épreuve ; il cherche à lui épargner un tel fardeau. La famille, pour sa part, se met à accompagner de façon naturelle, en nous observant, en nous questionnant, en nous imitant. Les étrangers que nous sommes représentent pour tous (patients et proches) une sorte de lieu sécuritaire où les malaises peuvent s'exprimer. Nous facilitons la parole, l'expression des émotions, chez des personnes qui vivent souvent pour la première fois leur affectivité sans inhibition.

Marie ■ C'est l'audace de s'intéresser à l'être dans son essence, dans sa subjectivité. C'est ce qui différencie sans doute notre écoute et l'espace de parole que nous offrons de ceux qu'offre généralement l'entourage, cet appel à la parole intérieure, à l'imaginaire, à la profondeur.

Lise ■ Et qu'est-ce que la profondeur ?

Marie ■ C'est une métaphore. Il s'agit, bien sûr, de la vie affective et spirituelle, en partie inconsciente. C'est dire à un malade qu'on est là pour entendre ce qui se passe à ce niveau-là de sa souffrance et de son désir, et pour l'aider à cheminer, s'il le souhaite, en tenant compte de cette dimension-là. C'est une offre qui, bien sûr, fait son chemin. Certaines personnes n'ont jamais été entendues à cette profondeur-là et n'ont pas l'habitude de parler d'elles-mêmes.

Johanne ■ Il faut dire qu'en général les malades atteints du cancer ne sont pas à l'aise avec l'expression de leurs émotions. Enfin, c'est une observation personnelle. Il y a, chez la plupart d'entre eux, un blocage de la parole. Ils ne vont pas spontanément dans le champ des émotions. Ils excellent plutôt dans les relations sociales et dans le rôle qu'ils se sont assigné ou qu'on leur a assigné. Le psychologue est à l'écoute de la métaphore qui traduit les émotions.

Lise ■ Ne serait-ce justement pas la raison de votre présence ? Pourquoi l'accompagnement est-il important à l'approche de la mort ?

Marie ■ Il est important à deux titres au moins. D'abord parce qu'à l'origine de la demande de soins du malade il y a une souffrance qui est en grande partie psychique, mais qui n'a pas nécessairement été identifiée comme telle. Le malade va se plaindre de douleurs, d'inconfort ; sa plainte s'adressera au médecin, aux infirmières. Mais la composante psychique de sa souffrance, comment l'exprimer s'il ne sait pas d'abord l'identifier ? Notre offre est importante parce qu'elle signifie au malade : « Je suis là pour vous aider à ce niveau-là, si vous le souhaitez. » Elle est en même temps une reconnaissance de la dimension psychique et affective de la douleur. Et puis, la mort, la perspective de la mort, entraîne une sorte de cassure interne. Pour que cette fracture ne s'agrandisse pas trop, il faut un pont. C'est peut-être cela que nous proposons à nos malades : de jeter un pont.

Lise ■ Un pont entre quoi et quoi ?

Marie ■ Entre l'extérieur et l'intérieur. Vous connaissez cette phrase de l'apôtre Paul : « Tandis que notre homme extérieur s'en va en ruine, notre homme intérieur se renouvelle de jour en jour » *(Épître aux Corinthiens)* ? Comment vivre les derniers temps de sa vie, comment assister jour après jour à sa ruine biologique si on n'a pas la possibilité de se raccorder à son « homme intérieur », à ce qui, en soi, continue de grandir, d'évoluer, de se transformer ?

Johanne ■ Ma conviction sur l'importance d'être accompagné au moment de la mort découle de mon expérience personnelle[1]. C'est d'ailleurs ce qui m'a motivée à travailler aux soins palliatifs. J'ai été moi-même accompagnée dans ma dernière minute de vie (enfin, je la croyais dernière !) et c'est vraiment là que j'ai découvert le sens de l'accompagnement. Dans cet instant où je pensais bientôt mourir, j'ai été accompagnée par une personne que l'on aurait pu qualifier de soignante dans les circonstances, une personne qui s'est mise en situation de soignante-intervenante dans ce moment de crise. Cette hôtesse a eu l'énergie de nous transmettre une forme d'espoir, malgré le fait que nous allions tous mourir. Elle nous a transmis la force de vivre ce qui se passait. C'était tragique, cet écrasement d'avion. Impossible d'imaginer qu'on pourrait s'en sortir. Mais cette jeune soignante capable de nous rassurer et de nous faire nous accrocher à l'espoir, je l'ai perçue comme une accompagnante qui

1. Johanne de Montigny, *Le Crash et le défi : survivre*, Éditions du remue-ménage, Montréal, 1985.

me donnait le courage de mourir et, au fond, le courage de vivre, de survivre intérieurement à un événement aussi brutal. Plus tard, j'ai réalisé que si j'étais morte de cet accident elle aurait, malgré mes blessures physiques et psychiques, malgré le tremblement intérieur et extérieur, maintenu mon espoir avant de mourir et m'aurait donné la paix. Dans ce sens, lorsque j'accompagne à mon tour des malades qui souffrent et qui agonisent comme j'ai moi-même agonisé, je revis cette sensation d'avoir été accompagnée et soutenue dans mon courage de vivre ces événements tragiques par une présence étrangère.

Marie ■ Cette expérience t'a donné le désir de communiquer la même sensation aux malades, mais ces personnes disposent généralement d'un temps plus long pour se préparer à mourir.

Johanne ■ C'est ce qui différencie mon expérience de la leur. Mais le seul fait d'avoir espéré avant de mourir, dans le bref espace d'une minute quarante-huit secondes précédant l'écrasement de l'avion, m'a convaincue que cela vaut la peine d'accompagner l'autre, indépendamment du temps que dure cet accompagnement, que ce soit une semaine, un an ou une minute. Mon souvenir demeure percutant : à deux, on a le courage de traverser ce qui arrive.

Lise ■ Si je vous demandais de tenter d'explorer les nuances entre ce que Marie a défini comme le renouvellement et la croissance intérieurs (que j'entends comme la possibilité de manifester sa créativité même en des moments de détérioration physique et à l'approche de la mort) et ce que Johanne nomme espoir, paix, confirmation ou courage de vivre comme courage de mourir ? Il me semble que vous mettez l'accent sur des choses différentes, mais qui se recoupent. Ce n'est pas tout à fait la même chose, l'espoir et la croissance. Quand tu parles d'espoir, Johanne, il ne s'agit pas d'un faux espoir de survie ; tu parles d'autre chose, mais de quoi ?

Johanne ■ Je remarque qu'en moi ce mot remonte sans cesse, comme si c'était le seul mot qui exprime l'état dans lequel je me suis sentie dans cette minute de tragédie : espoir de tenir le coup, de ne pas mourir avant de mourir, d'être vivante jusqu'au bout, même devant la mort qui est là, toute proche. Je me rappelle cet homme qui est mort durant l'explosion, juste avant l'écrasement. Il fut la première personne à mourir devant moi, enfin, à côté de moi. Il m'a d'abord demandé de traduire les directives de l'hôtesse qui nous parlait en français (la langue maternelle revient devant l'imminence de la mort...). Il m'a ensuite demandé (ou peut-être est-ce moi qui lui en ai fait la demande, je n'en suis pas certaine) d'empoigner sa main gauche, et nous avons croisé et serré très fort nos deux mains. Pour ne pas mourir seuls ? Pour rester vivants, amenuiser la peur, tenir le coup ? Puis, sa main a cédé au creux de la mienne, sa tête a basculé et son souffle a cessé. Sa mort m'a effrayée. J'ai dû changer d'espace et c'est ma soignante-hôtesse qui m'a alors transmis la capacité de vivre « seule » l'expérience jusqu'au bout, de rester pleinement présente à l'événement. Et me revient une phrase de Winnicott : « *Oh God ! may I be alive when I die !* » (Ô Dieu ! puissé-je entrer vivant dans la mort !). Une phrase qui fait écho. Être présente à ce (se) mourir. Au fond, j'avais le choix entre m'évanouir ou accueillir l'accompagnement. *L'accompagnement permet en quelque sorte de ne pas mourir avant le temps.* Je transpose une telle expérience auprès des patients mourants, dans ce rôle d'accompagnante où je tiens la main jusqu'au bout.

Un rappel symbolique, même si je suis tentée de croire que mon voisin, ce passager décédé avant l'écrasement, est mort avant le temps. Voilà un exemple du rythme de chacun. Cette expérience m'a sensibilisée à l'importance du toucher. Un toucher qui n'enraye pas la mort, mais qui met le mourant en relation, comme le chaud contact maternel au moment de naître.

Marie ■ Oui, c'est cela qui importe : entrer vivant dans la mort, être psychiquement vivant avant de mourir...

Lise ■ Pendant une fraction de seconde, je me suis demandé si, dans ton récit, qui rejoint d'ailleurs les propos de Marie, le mot *espoir* ne réfère pas à la possibilité, au bout du chemin, d'être autre que ce que l'on a été auparavant.

Marie ■ De M'uzan[1] parle du travail du trépas comme d'une tentative de se mettre complètement au monde avant de disparaître, comme s'il s'agissait d'accoucher enfin de soi-même. Qu'est-ce que cela peut bien vouloir dire ? Mon expérience m'a montré qu'il peut encore se vivre bien des choses sur le plan affectif et intérieur, même à quelques jours de la mort. De même, on peut être entièrement dépendant des autres, cloué sur son lit, et rester intérieurement libre et responsable. Certains de nos malades font preuve d'un courage, d'un humour, d'un amour inouïs alors qu'ils vivent la pire épreuve qui soit, la perte de leur autonomie, la dégradation physique. Pour certains, cela prend l'allure d'une découverte, d'une expérience tout à fait nouvelle. Nous mesurons d'ailleurs la

1. Michel de M'uzan, « Le Travail du trépas », chapitre d'un ouvrage intitulé *De l'art à la mort*, Gallimard, Paris, 1977, pp. 182-199.

28

créativité de leur attitude à la joie, à la légèreté qu'elle nous transmet.

Lise ■ Êtes-vous en train de dire que vous recevez plus que vous ne donnez dans cette offre que vous faites au moment du départ ?

Johanne ■ J'ai nettement l'impression de recevoir, mais je vis aussi la complicité, dans le don mutuel entre le malade et moi. Je ne saisis pas toujours clairement ce qui m'a été donné, enfin pas au niveau du raisonnement. Parfois, je le ressens simplement à travers des images, au détour de ce qui se vit et de ce qui se passe. Je porte en moi plusieurs scènes qui se sont déroulées aux soins palliatifs et qui m'habitent encore (en corps). Des moments que j'ai encadrés, des moments très forts qui risquent peut-être de s'effriter à la longue. J'ignore pendant combien d'années je pourrai... Cette année, j'ai conscience que je suis plus triste, peut-être parce que, dans notre service, le personnel soignant a été intimement touché de différentes façons par le cancer. Je crois que cela m'affecte de façon subtile et prend la forme de courts mais fréquents passages de tristesse, de larmes qui montent aux yeux. A l'opposé, je vis des moments qui me projettent plus haut, qui me dépassent, qui m'élèvent. Il est difficile d'en parler, peut-être parce que j'ai peur d'en perdre les traces en mettant des mots dessus. C'est un peu comme les fantasmes, qui risquent de s'évanouir s'ils sont dits en mots. Il est difficile ensuite de reprendre contact avec la vie ordinaire. Car la mort, aussi naturelle la pense-t-on, la veut-on, n'a rien d'ordinaire. Alors, comment passer d'un lieu à l'autre sans que l'étrangeté nous interpelle ?

Marie ■ Ce que dit Johanne me rappelle une des motivations exprimées par les infirmières qui se sont portées volontaires pour travailler dans notre unité de soins palliatifs : « Nous avons pressenti que ces moments pouvaient être des temps forts de notre vie de soignantes »[1]. La conscience de la précarité de la vie va de pair avec une conscience plus aiguë de sa valeur ; on vit sans doute plus intensément.

Lise ■ Et le corps souffrant ? Vous semblez dire que quelque chose se passe au-delà, malgré ou à côté du corps souffrant. Ou serait-ce à cause de ce corps souffrant ?

Marie ■ Beaucoup de choses se passent autour de ce corps souffrant, et la force des soignants, c'est précisément de ne pas fuir devant cette souffrance, de ne pas la dénier mais, au contraire, de la porter avec l'autre, de se laisser questionner par elle.

Lise ■ Comment vous, bien-portantes, entrez-vous en contact avec l'autre, avec son corps, avec sa dimension affective, et sa tête qui continue de fonctionner ?

Marie ■ C'est toute la question du contact que vous évoquez là. Contact qui s'adresse à la personne, à l'être, au-delà du corps, mais qui, malgré tout, passe par ce corps, par les perceptions sensorielles. Cette communication se fait par l'affectivité, par le sentiment. Vous parlez de vision, de vision de soi-même et de l'autre. Nous sommes là au-delà de l'image ou alors dans ce que Françoise Dolto appelle « l'image du corps »[2] et qui n'a rien à voir avec le corps objectif ou objectivé, mais plutôt avec le ressenti du corps.

1. Bernard Martino, *Voyage au bout de la vie*, postface du livre, Balland, Paris, 1987, pp. 399-401. (Voir aussi le chapitre 4.)
2. In *Le Corps psychique* de Gérard Guillerault, Éditions universitaires, Paris, 1989.

30

Dolto parle de contact d'image du corps à image du corps, un peu comme on parlerait de contact d'âme à âme. C'est de cela qu'il s'agit. Personnellement, je préfère l'expression de Frans Veldman, qui parle de « corporalité de rencontre »[1]. En effet, dans le contact avec cet être qui souffre, nous finissons par oublier le corps souffrant de l'autre et notre corps de bien-portants parce que nous sommes dans une rencontre de deux corporalités animées. Mais la rencontre n'est pas toujours possible ; nous pouvons être refusés comme bien-portants, justement !

Lise ■ Qu'est-ce qui est difficile à ce moment-là ? Un sentiment d'impuissance ? Le sentiment que le meilleur de soi est rejeté ? Est-ce de sentir la solitude de l'autre et la sienne ?

Johanne ■ La solitude est pesante aux confins de la vie. Lourde à supporter pour l'un, lourde à porter pour l'autre. Il s'agit bien de solitude, car on ne meurt pas à deux. On meurt chacun pour soi, à la place de l'autre, devant l'autre. Selon la belle expression de Georges Bernanos :

> « On ne meurt pas chacun pour soi, mais les uns pour les autres, ou même les uns à la place des autres, qui sait ? »[2].

C'est comme un drame qui éclate de l'intérieur et qui se donne à voir à l'extérieur. Seul, complètement seul, en présence ou en l'absence de l'autre. L'accompagnement ne triomphe pas de la mort ; il triomphe (parfois, pas toujours) de la peur de la mort, de la peur du

1. Frans Veldman, *L'Haptonomie : science de l'affectivité*, P.U.F., Paris, 1989.
2. Lire Johanne de Montigny et Bernard Lapointe, « Les contours d'un nouveau symbole de mort », article sur le sida paru dans *Frontières*, vol. 2, n° 2, automne 1989, pp. 18-21.

mourant, de la peur du bien-portant. Certains mourants désirent mourir seuls, sans être accompagnés, sans témoins, sans interférence, sans obstacle au détachement. Accompagner, être accompagné : de quel désir, de quelle capacité s'agit-il ? De la capacité de mourir seuls pour certains et de la capacité de se soustraire à l'accompagnement pour d'autres. Il faut savoir lire le désir, le sien et celui de l'autre.

Marie ■ Il y a sans doute tout cela. Je perçois bien, dans ce refus, la répétition ou la réactivation d'une solitude ou d'un abandon ancien. Il y a dans le refus de contact une peur, une insécurité profondes. Mais c'est aussi l'occasion de dépasser cette peur, de découvrir quelque chose de neuf, de faire une expérience nouvelle, de « se mettre au monde avant de disparaître », comme le disait de M'uzan, que nous avons cité plus haut.

Lise ■ Vous êtes en quelque sorte des accoucheuses, des sages-femmes. Alors, qu'est-ce qui peut être fait par la sage-femme qui se sent en échec ou impuissante devant cet enfant qui n'arrive pas à se mettre au monde ou qui se sent abandonné ?

Johanne ■ Je ne ressens pas vraiment l'impuissance, pas plus que la toute-puissance d'ailleurs. Je sais que ma contribution est minime, l'acte de mourir étant plus puissant que tout mon être, que ma seule présence. Or, j'accepte de vivre avec l'absence de réponses, avec le mystère. Dans ce sens, il est vrai que je me sens bien peu puissante. Il est naturel que je sois toute petite devant la mort et, malgré tout, capable de réconforter dans des situations pourtant très difficiles à vivre. N'est-ce pas le propre de l'être humain que de pouvoir négocier ses contradictions, interroger ses paradoxes ?

Marie ■ Ce que Johanne dit là me fait penser à une phrase de Montaigne, qui dit que ce dont on a besoin au moment de mourir ce n'est pas d'une sage-femme mais d'une femme sage, humble et acceptant de ne rien pouvoir faire. Être là sans rien faire, mais être présent à l'autre, le soutenir de sa confiance. Cette qualité de présence, le mourant la ressent, parfois au plus profond de lui-même. Il y a des naissances qui se font dans le secret. Je fais allusion aux prises de conscience qui jaillissent du fond de l'être, comme en réponse à une question inconnue. Je pense aussi à cette sérénité qui paraît souvent *in extremis* sur le visage du mourant sans qu'on comprenne pourquoi ce visage jusqu'alors si torturé se trouve soudain auréolé de paix. Accepter de ne pas comprendre, de ne pas tout analyser, tout décortiquer, c'est peut-être cela, la sagesse.

Johanne ■ Parfois, cela se passe carrément derrière soi. Je me remémore une situation qui m'a profondément marquée. Il s'agissait d'un couple. Cet homme et cette femme, respectivement âgés de soixante-dix et soixante-seize ans, sont venus mourir à l'unité, dans la même chambre et de la même maladie. Je fus saisie par cet événement. Quelques jours plus tard, à la demande de l'infirmière, je suis entrée dans cette chambre pour y réconforter l'homme qui venait de voir son épouse mourir, cette épouse qui le regardait les yeux fixes, les bras presque tendus vers lui. Cela m'a secouée. Je me suis approchée du lit du survivant couché en position fœtale, sanglotant au creux de sa gorge. J'ai caressé son bras en silence, puis j'ai demandé : « Est-ce que vous me permettez de rester un moment avec vous ? » Il a fait signe que oui. Le rideau était incomplètement tiré entre les deux lits. Je faisais face au vivant et je tournais le dos à l'épouse décédée.

Lise ■ Entre les deux ?

Johanne ■ Entre les deux. J'ai eu un frisson dans le dos. La mor(te) nous regardait. Je suis restée un long moment. J'étais impressionnée par ce couple aux prises avec la même maladie, côte à côte face à la mort. C'était lourd à porter... Ils se mouraient à deux, mais elle est morte seule.

Lise ■ Il me semble que cette scène nous permet d'approfondir la signification de l'entre-deux : toi entre cet homme et cette femme, entre cet homme et la mort. Mais il y a aussi cette mort(e) qui vous regarde tous les deux.

Johanne ■ Ce qui me vient à partir de cette image, c'est que j'ai l'habitude de voir la mort en face ; mais là, tout à coup, je l'ai sentie dans mon dos. J'ai ressenti à la fois un malaise terrifiant et le désir de le surmonter. Il était dix-sept heures, l'hiver avait déjà plongé la chambre dans la pénombre. Un bénévole s'est présenté avec deux plateaux, comme d'habitude. Il a regardé la dame morte, puis s'est bruyamment adressé à l'époux : « *Will you have your soup anyway Mister...* » (Allez-vous prendre votre soupe quand même, Monsieur... ?) Sur le coup, j'ai été scandalisée d'entendre une telle offre. Mais, plusieurs jours après l'événement, j'ai éprouvé un tout autre sentiment. La vie continue, me répétai-je, la vie continue pour cet homme. A sa manière, le bénévole l'avait autorisé à continuer, ce que la plupart d'entre nous n'aurions pas osé faire, par pudeur, par principe, par peur. Je fus secouée, en quelque sorte ramenée aux choses de la vie. Je n'ai pu manger ce soir-là, pas plus que les mourants. L'époux est décédé quelques jours plus tard. Cette scène m'accompagne. La mort de ce couple fait partie de ma vie.

Lise ■ Je repense à cet adage qui dit que la mort

viendra nous prendre comme un voleur. Dans un sens, ce qui t'a donné un frisson dans le dos, c'est que la mort était derrière toi. Et votre travail auprès des mourants ne serait-il pas justement de leur permettre de voir la mort devant eux ?

Marie ■ On sait que les personnes qui viennent à l'unité y viennent pour mourir ; mais, en même temps, il s'agit de ne pas oublier que ce sont des vivants. Nous sommes en plein paradoxe ! Et la place à tenir n'est pas facile. Il faut sans cesse s'ajuster.

Faut-il aider le patient à rester vivant jusqu'au bout, le stimuler affectivement, ou faut-il le laisser mourir ? Cet ajustement exige une attention à la fois fine et souple, guidée par l'évolution du patient, aux mouvements, au rythme de sa vitalité. Or, ce rythme n'est pas simple ; il est marqué par l'ambivalence, par le clivage du moi qui, tout en étant lucide quant à la perspective de la mort, se croit immortel.

Lise ■ Mais ne faut-il pas aussi saisir ce moment où tenter de maintenir quelqu'un en vie l'empêche en quelque sorte de suivre son désir de mourir ?

Marie ■ Cela montre à quel point la nature de l'accompagnement est loin d'être évidente. Sans doute parce que la relation soignant-soigné recouvre trop souvent le rapport dominant-dominé, l'attitude spontanée des soignants est de réagir à celle du patient, en quelque sorte pour garder la maîtrise des choses. Quand un patient s'accroche à la vie alors même que son état se détériore, les soignants auront tendance à souhaiter sa mort plus ou moins consciemment ou à vivre un deuil anticipé.

Si, au contraire, un patient se laisse mourir alors que son état physique n'est pas encore terminal, les soignants auront, au contraire, tendance à stimuler le vivant en lui. Or, accompagner, ce n'est pas réagir, c'est s'ajuster. Et cela demande un effort, une remise en question quasi permanente de sa propre attitude et une mise en garde constante contre le fantasme de la toute-puissance.

Lise ■ Et si on revenait à la question de se sentir mal à l'aise ou impuissante ?

Johanne ■ Oui. Je voudrais tout de suite dire que ce n'est pas parce que j'étais mal à l'aise que je ne pouvais conforter la personne dont je parlais tout à l'heure. Mais à travailler auprès du corps malade, je porte souvent les événements dans mon propre corps.

Lise ■ Dans quel sens ?

Johanne ■ Dans le cas que je viens de raconter, je portais cela dans le dos comme un frisson, une attaque même. Habituellement, il m'arrive plutôt de porter en moi ou devant moi que derrière moi. Au moment du déroulement des événements, je veux dire.

Lise ■ Ce mot *porter* évoque un enfant. En fait, on revient à quelque chose de maternel.

Johanne ■ En effet. C'est quelque chose comme du *holding*, pour reprendre un concept de Winnicott[1]. Cela me rappelle un malade qui me disait : « Je me sens déchiré entre mon désir de vivre et celui de mourir. » Il était très angoissé ; je lui ai proposé spontanément de changer le mot *déchiré* par un autre et j'ai accompagné celui-ci d'un geste. Je me suis approchée de son lit et je lui ai suggéré le mot *bercé* entre son désir de vivre et celui de mourir (il n'en pouvait plus, ni de l'un ni de l'autre). Et j'ai fait le

1. D.W. Winnicott, *De la pédiatrie à la psychanalyse*, Payot, Paris, 1958.

mouvement qu'entraîne ce mot, de gauche à droite, en lui tenant la main. Il s'est calmé, puis il a dit :

> « C'est vrai que je me sens moins arraché par l'événement qui me presse d'en finir maintenant. »

Le fait de travailler auprès du corps malade, du corps mourant, me fait vivre des choses dans mon propre corps. Cette fois, ce fut dans mon ventre. Et j'ai spontanément associé un geste et un mot, à la recherche d'une métaphore pour soulager la douleur du mourir.

Lise ■ Tu es en train de dire que le *holding* auprès des gens atteints dans leur corps se ferait autant à travers le corps qu'à travers les mots, l'un accompagnant les autres.

Johanne ■ On dirait qu'il s'agit là d'une intégration dans mon corps par rapport à la désintégration du corps de l'autre. Le troc des mots n'étant plus tellement possible au dernier stade, le discours se transforme alors en énergie. Le bien-portant redouble d'énergie, confronté à la brutalité d'un trauma. La peur inconsciente d'être annihilé, happé par le dernier souffle de l'autre, intensifie ses mécanismes de défense et de survie. Puisque l'attachement originel est d'abord physique, le détachement suprême s'inscrit lui aussi dans la chair. L'investissement affectif se dématérialise en quelque sorte en raison de la faillite corporelle. Or, le corps perdant est pris en charge par le bien-portant, qui, à ce moment précis, redouble d'énergie.

Marie ■ Ce que je trouve beau dans cette scène, c'est que tu as permis à cet homme de vivre dans la sécurité son ambivalence : désir de mort et désir de vie. Il s'est senti pleinement accepté.

Lise ■ Il y a des mots qui cherchent à mettre du sens là où il n'y en avait pas. Tandis que là, il y avait un sens, et tu as cherché en quelque sorte à le modifier, à le transformer en l'enracinant dans le corps.

Johanne ■ C'est que ce mot avait plongé cet homme dans un état d'angoisse, de déchirement. Ce qui m'est alors venu spontanément, ça a été de changer le mot pour soulager l'état. Peut-être ai-je interprété ? Peut-être s'agissait-il de mon propre état ? Mais il m'a semblé plus reposant de se bercer que d'être déchiré entre deux pôles contradictoires : vivre et mourir à la fois, en même temps, ne saisissant plus très bien la différence.

Lise ■ Peut-être revenons-nous au véritable sens de l'« intervention » dont on parlait au début. Peut-on dire que l'interprétation vient modifier le rapport à soi et à l'autre ?

Marie ■ Interpréter, en effet, c'est dire comme la poésie dit, à partir de notre résonance intérieure. La véritable interprétation surgit alors qu'on ne s'y attendait pas. Il y a souvent là un effet de surprise[1].

Johanne ■ En effet, je ne m'y attendais pas. Ce qui me passionne le plus, dans ce travail, c'est très certainement le fait d'être chaque fois étonnée, surprise par l'événement, le moment ou l'émergence.

Lise ■ Et si on parlait ici de « créativité » ? Une créativité qui permet à l'autre de vivre différemment. Vous parlez peut-être de votre créativité autant que de celle de l'autre, sinon plus. C'est ce qui vous

---

1. Marie de Hennezel, « La parole interprétative est-elle artificielle ? », paru dans *Le Vivant et l'artificiel*, coédition Sgraffite/ Festival d'Avignon, 1984.

passionne, ce qui vous garde vivantes dans ce travail, non ?

Marie ■ La créativité face à la mort... La seule liberté dont on dispose face à un événement sur lequel on n'a pas de prise, c'est de choisir le niveau auquel on va le vivre, c'est d'assumer la castration symbolique. Autrement dit, donner du sens, créer du sens. Je pense à Bernard, qui a le sida, qui sait sa mort proche et qui fait de chaque jour un acte d'amour, de courage et de vie. On dirait que toute sa vie tient maintenant à ces multiples petites attentions qui entretiennent, qui créent l'amitié, comme écrire un mot, offrir un livre, apporter les dernières cerises ou les premières fraises, et ne pas se priver de dire « Je t'aime » à tous ceux qu'il aime.

Johanne ■ Francine Saillant[1] parle de « fabriquer un sens ». Certaines situations viennent d'elles-mêmes donner un sens. Je repense à une scène qui vit encore en moi. On fêtait Noël à l'unité de soins palliatifs. Le Dr Mount, fondateur de notre unité, personnifiait le père Noël. Les patients, le personnel et les bénévoles chantaient, groupés à l'intérieur d'une pièce en fête pas assez grande pour les contenir. Plusieurs étaient alités ou circulaient dans le corridor. Il y avait là un homme âgé de quatre-vingts ans, au moment terminal de sa vie. J'étais près de son lit. D'une chambre voisine est sortie une femme tenant un bébé dans ses bras. Comme elle passait, l'enfant a fait un mouvement en direction du lit du vieillard, exprimant en quelque sorte son désir de rejoindre le malade. Or, dans un élan de confiance, la dame a déposé son enfant sur le lit du mourant. Le mourant l'a accueilli dans ses bras.

1. Francine Saillant, *Cancer et culture*, Éditions Saint-Martin, Montréal, 1988.

Jamais je n'oublierai le regard de l'enfant et celui de l'homme, rivés l'un à l'autre dans une profonde complicité. C'était comme si le vieil homme disait :

> « Moi, je m'en vais après avoir accompli un passage dans cette vie, alors que toi, tu y fais ton entrée. »

Je sentais une communication très puissante entre ces deux êtres, au-delà des mots qui sont si maladroits en de telles circonstances ! Le commencement de l'un et la fin de l'autre. Voilà tout de même une belle image qui en répare bien d'autres !

Lise ■ Dans la scène que tu décris, ce qui est habituellement séparé était là réuni. Il y avait à la fois la joie de la fête de Noël et la tristesse de cet homme face à sa mort imminente... Que pensez-vous de l'humour ? Est-il important pour vous, pour la personne qui va mourir ? Quels sont vos rapports à l'humour ?

Marie ■ Une patiente m'a dit un jour : « Ce n'est pas si grave ! » L'humour allège. On dirait que certains patients l'utilisent moins comme une défense que pour aider leur entourage ou les soignants.

C'est aussi une manière de dire des choses impossibles à dire autrement.

Johanne ■ Chez certains patients, l'humour noir sert de mécanisme de défense, mais c'est assez rare. En phase terminale, les patients n'affichent pas le sourire, n'acceptent pas l'humour, souvent maladroit d'ailleurs. Quant à moi, même si je suis remplie d'humour dans ma vie quotidienne, à l'unité de soins palliatifs le mot *joie* me convient mieux. Je considère l'accompagnement des malades comme un acte grave et important. Je ne veux pas dire que faire de l'humour ce n'est pas important, mais je n'en ai pas fait l'expérience dans ce contexte. Ce qui importe, dans la relation d'aide, c'est l'authenticité du soignant. Si l'humour le caractérise, alors pourquoi l'éviter ? Il est absolument essentiel de se présenter à l'autre sans artifices, en laissant émerger ce qui vient, tout comme ce qui ne vient pas. S'il est un sens qui demeure alerte chez le mourant, c'est bien celui de la perception du non-dit, de la conspiration des silences inopportuns ou des paroles fabriquées. Il ne faut surtout pas faire semblant.

Lise ■ Pour continuer sur la place de l'humour et de la joie, comment vous ressourcez-vous en présence des malades ? Comment faites-vous pour que l'atmosphère ne soit pas indûment lourde comme dans certains salons funéraires ?

Marie ■ Par notre manière d'être, nous pouvons modifier l'atmosphère d'un lieu, d'une scène. Si l'on est dans la peur, dans l'obscurité des représentations imaginaires, paralysé en quelque sorte, l'atmosphère est insupportable, pesante. Si l'on est serein, si l'on accepte l'événement de la mort comme faisant partie du mouvement de la vie, on peut apporter une présence légère. Même un silence peut être extrêmement léger. Je me souviens d'une conférence, donnée par Françoise Dolto à des infirmières[1], sur l'accompagnement des personnes en fin de vie. Elle y parlait de sa propre curiosité à l'égard de la mort, curiosité qui la poussait à dire aux personnes qu'elle avait accompagnées jusqu'au bout : « Vous en avez de la

1. « Le soignant face à la régression causée par la maladie incurable », conférence de Françoise Dolto donnée aux infirmières de l'Amicale de Reuilly, France. (Texte non publié.)

chance, vous allez enfin connaître le secret de la vie et de la mort ! » Voilà qui ne manque pas d'humour !

Lise ■ De l'extérieur, on pourrait vous demander, et peut-être le fait-on : n'est-ce pas morbide ou, à la limite, pervers de faire ce travail, de toutjours fréquenter la mort ? Qu'avez-vous à dire à ce sujet ?

Marie ■ On est toujours en présence de la mort, c'est vrai. Mais en fait, on s'occupe de la vie dans ses derniers moments. La mort est là en toile de fond, en perspective mais, à la limite, cela devrait être ainsi pour tout le monde. Cela me paraît beaucoup plus pervers d'être dans le déni de la mort. Travailler auprès des mourants maintient éveillée cette conscience de la mortalité. Dans mon esprit, c'est un plus de vie, un don de vie, et je n'ai pas le sentiment d'être plus déprimée qu'une autre ni celui que mon travail me détruit.

Johanne ■ Cela amène à s'interroger sur les motivations des soignants en soins palliatifs.

Marie ■ En effet. Il semble bien qu'il y ait plus ou moins consciemment chez l'accompagnant un désir de réajuster sa vie, de se confronter à la mort pour mieux se situer dans la vie, pour mieux la goûter, pour en sentir toute la valeur. C'est peut-être l'une des manifestations perverses d'une société qui refoule ou dénie la mort, qu'il faille passer par une confrontation avec la mort pour réajuster son rapport à la vie.

Johanne ■ Je suis fascinée par la mort ; elle m'intrigue. Je me pose des tas de questions à son sujet. J'ai l'impression, chaque fois que j'accompagne un mourant, d'en découvrir un peu plus long sur le secret, sur le mystère de la mort. Parce qu'il y a effectivement des découvertes extraordinaires dans le vécu du mourir. Quand c'est fini, lorsque je me retrouve dans la chambre d'une personne qui vient de mourir, je cherche, je cherche quelque chose que, par ailleurs, j'accepte de ne pas trouver.

Lise ■ On pourrait rapprocher cette curiosité pour la mort de ce que Freud a écrit à propos de la curiosité des enfants vis-à-vis de la sexualité des parents. Dans le « Qu'est-ce qui se passe dans cette chambre-là ? » on a les deux pôles de la scène primitive : le pôle de la naissance avec le « D'où je viens ? », et celui de la mort avec le « Où je vais ? »

Johanne ■ C'est juste. Et si je tentais d'illustrer le mouvement de ma quête dans la chambre de celui qui vient de mourir, on pourrait croire que je fouille celle-ci, cherchant la personne qui vient tout juste de me parler, cherchant la place et le lieu de son âme. C'est tellement mystérieux ! Comment être témoin du passage de vie à trépas sans se poser de telles questions ? On a beau dire que c'est naturel et normal, j'en suis bouleversée chaque fois ! Je m'interroge sur la nature de la mort. Pierre Grégoire, l'homme qui m'a si généreusement appris mon métier, me disait récemment : « Tu sais, d'ici vingt ans, on en saura encore plus long à propos de la mort. » J'étais à la fois heureuse et malheureuse de l'entendre dire cela, car je veux à la fois connaître et rester dans le mystère. Cela maintient l'humilité, qualité absolument requise pour accompagner. En d'autres termes, si je sais, aurai-je encore le courage de mourir ? C'est peut-être parce qu'on ne sait pas que l'on continue d'espérer...

Marie ■ Ce que tu dis là, Johanne, sur le lien entre le non-savoir et l'espérance, est fondamental. Autant je pense qu'il est important d'inviter un mourant à « mythologiser », c'est-à-dire à nous parler de sa propre représentation de la mort et de l'au-delà s'il en a une, autant je me méfie de toutes ces représentations fabriquées à l'avance que l'on propose comme des vérités et qui bouchent l'accès de la personne à son propre imaginaire, à sa propre symbolique. Ne réduit-on pas ainsi le mystère de la mort ? Une attitude de curiosité et d'espérance laisse au contraire toutes les perspectives ouvertes.

Johanne ■ Je soumets à mes étudiants un test sur la conscience de sa propre mort qui nous interpelle dans notre perception de la finitude ou de la continuité de l'être. C'est un questionnaire difficile puisqu'il est lié à la représentation impossible de notre propre mort : dix-sept pages concernant la manière dont on aimerait mourir, les affaires que l'on voudrait régler à l'approche de sa mort, les personnes que l'on aimerait voir à ses côtés, ce qu'on aimerait leur dire. On y propose aussi de dessiner sa mort. Récemment, dans le groupe de mes quarante-cinq étudiants, tous et toutes ont tracé un soleil, un ciel étoilé, un ange qui tend la main, une colombe en plein vol. Personne n'a dessiné un tombeau, un cimetière, un malade alité ou un blessé gisant au sol.

Marie ■ Au fond, ce sont des images plutôt stéréotypées, conformistes, pauvres, ce qui semble bien renforcer l'aspect non représentable de la mort en même temps que la symbolique de l'espérance. Personnellement, je n'aimerais pas répondre à cette consigne.

Lise ■ Ou alors dessiner un cercle, un zéro qui symbolise le caractère non représentable de la mort, le zéro étant une circonférence dont j'ignore le contenu. La mort, c'est l'inconnu absolu !

Johanne ■ Ce questionnaire a du moins le mérite de

nous faire travailler cette question. La question de nos fantasmes, de nos espoirs. D'après mon expérience, ces représentations apaisantes aident à mourir.

Marie ■ Tu as sans doute raison. Quand elles émergent du mourant lui-même, ou quand elles naissent d'un échange si empreint de confiance qu'on se permet de rêver à deux des surprises à venir.

Lise ■ Pensez-vous qu'on meurt seul, ou est-ce possible de ne pas mourir seul ?

Marie ■ Il y a certainement une part de solitude profonde dans le mourir. Mais on peut sentir que cet événement fait bouger des choses autour de soi, qu'il concerne au plus haut point les autres. N'est-ce pas ? On n'est plus le même après la mort de quelqu'un qu'on a aimé. Seul, mais pas isolé. Les autres vous accompagnent jusqu'à la rive, mais ne traversent pas. On peut cependant espérer, comme Françoise Dolto, que des êtres chers, morts avant eux, sont là pour accueillir ceux qui passent. Une jeune femme en phase terminale de cancer me disait, en parlant de son père décédé : « Je sais comment le rejoindre. » Elle ne se sentait pas seule.

Lise ■ Quel itinéraire personnel amène une personne à s'engager dans un travail comme le vôtre ? Quel rapport au deuil, aux pertes ou à la mort fraye la voie à l'accompagnement des mourants ?

Johanne ■ Parmi les accompagnants, plusieurs ont eux-mêmes connu l'expérience de la perte et du deuil. Faut-il avoir soi-même souffert de la menace de mort ou de la perte effective pour sentir d'abord l'appel, puis la capacité, d'effectuer le travail d'accompagnement ? Je suis tentée de répondre par l'affirmative à cette question puisque, dans notre service, chaque membre du personnel a ou bien survécu à un cancer ou à un traumatisme quelconque, ou bien subi la perte d'un membre ou d'une fonction majeure. La présence d'un médecin aveugle, d'un psychiatre paraplégique, d'une ergothérapeute marquée par la poliomyélite, d'une musicothérapeute lourdement handicapée de la vue, d'infirmières et de bénévoles plusieurs fois blessés par la mort d'êtres chers ou activement engagés dans le soutien de proches touchés par des maladies mentales, chroniques ou dégénératives, indique que l'expérience de la perte, sans être une condition *sine qua non*, précède souvent le choix d'un travail auprès des mourants. Par ailleurs, voici un témoignage qui invite à nuancer notre opinion sur la question. Il s'agit d'une jeune musicothérapeute qui s'interroge :

> « Je n'ai pas encore éprouvé la perte d'un être cher. Je dirais même que mon dossier sur la souffrance est vierge. Ai-je la compétence pour travailler auprès des mourants ? »

A cette interrogation, je puis répondre que, justement, cette femme peut offrir aux mourants une dimension que nous ne possédons pas. Elle est un vent de fraîcheur, une note de gaieté ; elle a la voix d'un ange et un intérêt profond et naturel pour l'être humain. Quels que soient l'âge, le sexe ou l'origine du patient, elle trouvera la musique de ses racines. Je ne pense pas que la connaissance expérientielle de la douleur, de la souffrance ou de l'absence soit garante de l'habileté à accompagner. Plusieurs portent des blessures archaïques et n'ont pourtant jamais senti l'appel de l'accompagnement. Aussi, je maintiens que trop de soignants s'engagent dans un travail auprès des mourants avec des blessures encore vives qu'ils ont l'espoir inconscient de cicatriser au contact des plus souffrants. Je crois que plusieurs d'entre nous choisissons cette voie en vue d'une réparation de nos pertes et d'une restauration personnelle. Si ce bénéfice est secondaire, je le qualifie alors de constructif.

Permettez-moi de vous raconter comment ma propre démarche s'est éveillée. J'ai choisi mon métier de psychologue comme deuxième carrière. L'écrasement d'avion auquel j'ai survécu, le 29 mars 1979, m'a propulsée dans le désir de guérir, physiquement certes, mais surtout psychiquement. Revenir d'une tragédie où dix-sept vies ont été emportées place le rescapé dans un état de redevance perpétuelle. Qui suis-je pour avoir mérité ce retour? Comment rendre grâce de la vie redonnée? Bref, il s'agit de la dette du survivant, pour ne pas mentionner le sentiment de culpabilité de celui qui continue d'exister alors que d'autres ont disparu. Il s'agit aussi d'une énigme, d'une intrigue que l'on tente éperdument de résoudre. Pourquoi les uns meurent-ils avant ou à la place des autres? La psychologie du survivant a pris une place énorme dans le parcours de mes études. Au fait, l'histoire des survivants des grandes guerres nous ramène constamment à ceux qui y ont laissé leur peau. Parler des survivants nous touche parce qu'ils rappellent ceux qui sont morts. Je dirais même qu'ils les portent en eux, quotidiennement, chacun à leur manière. Puis, des lectures m'ont informée de l'existence des soins palliatifs, nés en Angleterre au cours des années soixante. J'ai alors appris qu'un médecin canadien, le Dr Balfour Mount, avait adopté cette approche pour la ramener chez nous, en Amérique du Nord, à l'hôpital Royal Victoria de Montréal. L'unité de seize lits réservés aux personnes atteintes de cancers en phase terminale est née en janvier 1975.

Lorsque j'ai pris connaissance de la philosophie

spécifique entourant cette approche dite holistique, c'est-à-dire centrée sur l'être total, dans un moment où « il reste encore beaucoup à faire quand il n'y a plus rien à faire »[1] (j'entends ici la possibilité totale d'aimer), j'ai senti très fort en moi l'appel, pour reprendre un mot parfois galvaudé, un appel clair et franc qui ne laissait pas de place au doute. Je crois que j'ai d'abord voulu comprendre comment les gens se préparent à mourir. Comment parviennent-ils à survivre à un pronostic de vie limitée ? Vaut-il mieux mourir à petit feu que mourir brutalement ? Y avait-il à cette unité de soins palliatifs une réponse à mon questionnement sur le mourir des miens, de ceux qui ont agonisé, gémi et trépassé à mes côtés ? Puis, il y avait ma dette de survivante que je comptais rembourser à travers l'accompagnement. Je pense aussi que ce fut longtemps pour éviter la folie que je m'y consacrai. Ce travail a préservé mon équilibre. Ayant parallèlement analysé très fort le sens de mes actions, l'impact de mes réactions, le signification de mon choix, je crois que, dans un deuxième temps, et cette fois plus consciemment, mon choix de carrière est devenu davantage un mouvement radical du cœur qu'une fonction assumée par dépit. J'aime profondément ce que je fais. L'expérience est difficile, mais psychiquement enrichissante. Mon choix n'est pas définitif, pas plus que ma vie n'est éternelle. Je sais maintenant que je n'y trouverai pas les réponses tant cherchées, mais j'y ai trouvé la capacité de vivre en l'absence de réponses.

Marie ■ Pour ma part, j'ai commencé ma carrière de psychologue au sein d'une association consacrée à

1. Citation attribuée à Cicely Saunders, pionnière du mouvement des soins palliatifs en Angleterre.

l'étude des problèmes de la naissance. Je m'intéressais alors à tout ce qui touche le désir d'enfant, à la contraception, à l'interruption volontaire de grossesse, à la stérilité... L'association dans laquelle je travaillais se tenait à distance de toute position dogmatique et de tout parti pris militant. La référence était psychanalytique : il s'agissait d'être à l'écoute de la dimension psychique inconsciente. Après un passage par la psychiatrie lourde qui m'a beaucoup appris sur la mort psychique, une série d'événements m'ont conduite à m'engager dans l'accompagnement des mourants. Je me retrouve dans une voie qui se tient à distance des deux positions de maîtrise que sont l'acharnement thérapeutique et l'euthanasie, et qui tient compte de la dimension psychique de l'être. Je sens bien le fil qui relie des expériences aussi différentes : il s'agit du respect pour le désir profond de l'être humain et d'une infinie curiosité pour le mystère qu'il représente. Puis il y eut la mort de mon père. Ce n'est que sept ans après, alors que j'étais déjà engagée dans l'accompagnement des mourants, que j'ai pris conscience des liens qui reliaient cet événement et mon travail. J'avais évacué les questions soulevées par sa mort, qui fut brutale, dramatique et non accompagnée.

Prendre conscience des motivations profondes de cet engagement auprès des personnes proches du mourir m'aide à mieux me situer et à mieux vivre cet engagement. Il me fallait penser et ajuster ma vie en fonction de cet événement que je m'étais empressée de refouler au lieu de le laisser me travailler de l'intérieur. Il me fallait aussi tenter de réparer ce qui me paraissait raté dans la mort de mon père et aider, à travers d'autres, celui que je n'avais ni pu ni su aider alors.

Une recherche en cours sur les motivations des

soignants en soins palliatifs[1] confirme le rôle joué par les deuils et les pertes antérieurs dans le choix de ce travail d'accompagnement. La culpabilité, le besoin de réparation, mais aussi la nécessité d'exorciser l'angoisse de la mort par la sollicitude, sont à l'origine de ce désir d'accompagner les mourants. Il importe d'être conscient de ses motivations, car c'est seulement alors que l'on peut assumer ce travail en toute responsabilité. Je crois, pour ma part, qu'il faut avoir souffert pour pouvoir accompagner ceux qui souffrent. Certaines personnes, médecins ou infirmières, s'orientent vers les soins palliatifs par ambition (car cela devient un créneau à la mode) ou par curiosité. Elles sont jeunes et n'ont pas eu encore l'expérience de la souffrance ; leurs défenses sont alors beaucoup plus rigides que celles des autres. Il semble que, au contraire, les deuils et les pertes ouvrent, dans l'histoire de ceux qui les ont vécus, un chemin de compassion et d'accueil infiniment plus profond.

Enfin, j'aimerais mentionner un événement qui a marqué un tournant dans ma pratique de psychologue et que j'ai relaté à Bernard Martino dans *Voyage au bout de la vie*[2]. Il s'agit du premier accompagnement que j'ai fait d'une fin de vie ; une voisine m'avait fait venir d'urgence, la nuit, auprès de son époux qui souffrait atrocement d'un cancer en phase terminale. Je me souviens de ce que j'ai éprouvé en entrant dans la chambre où cet homme gisait, tordu de douleur : un profond sentiment d'impuissance, une perte immédiate de mes repères de psy. N'écoutant que mon cœur et mon intuition, je m'agenouillai près du lit, posai

1. Marie de Hennezel, « Réflexions sur les motivations des soignants en soins palliatifs », conférence présentée à l'Institut Jean-Godinot, Reims, France, 1989.
2. Bernard Martino, *op. cit.*

mes mains sur l'affreuse métastase au sternum qu'il désignait comme l'un des points douloureux. Rassemblant tout mon calme, priant du plus profond de mon être, je restai là, en silence, dans cette profondeur de présence dont j'ai appris plus tard qu'elle était peut-être ce que l'on pouvait offrir de plus précieux en de tels moments. Ce contact avait été apaisant ; l'homme s'était endormi. Plus tard, je cherchai à en savoir plus sur la dimension apaisante du contact, du toucher. C'est ainsi que je me suis trouvée sur le chemin de Frans Veldman et que je me suis formée à l'haptonomie[1], dont les principes, déjà connus dans l'accompagnement prénatal et périnatal, me semblaient d'un intérêt évident pour l'accompagnement des mourants.

Lise ■ Quel effet votre expérience de l'accompagnement a-t-elle sur les autres aspects de votre vie professionnelle, sur votre vie personnelle, vos amitiés, vos amours ?

Johanne ■ Si l'accompagnement des mourants ne modifie pas nécessairement notre propre façon de nous préparer à mourir, on peut affirmer qu'il change notre regard sur la vie et sur les êtres. De façon positive, certes, et cela dans diverses circonstances. Mais parfois je reconnais que le fait de côtoyer régulièrement la maladie, le cancer, le sida, les gens qui en souffrent, les gens qui en meurent, me tient au contraire en alerte, à l'affût du moindre symptôme rapporté par les miens. Souvent, je me surprends à analyser la couleur de la peau, la luminosité du regard, le rythme respiratoire de ceux qui m'entourent, gardant pour moi mes intuitions, mes peurs, mes doutes,

1. Ce concept forgé par Frans Veldman vient du mot grec *hapto*, qui signifie toucher, prendre contact, entrer en relation, et de *nomos* qui désigne les règles présidant au contact affectif et tactile.

chassant l'idée que la maladie s'installe tôt ou tard chez tous et chacun, reconnaissant avec effort que plusieurs jouissent d'une santé mentale et physique solide, quoique pas à toute épreuve, et que d'autres meurent d'accidents, de vieillesse, ou tout bonnement durant leur sommeil, sans faire de bruit, sans avoir à se préparer à une mort qui nous guette tous. Ma réalité quotidienne à moi est différente.

Si j'étais professeur d'éducation physique, j'imagine que je visualiserais le monde au meilleur de sa performance, convaincue que tous et chacun peuvent vivre dans une forme inébranlable. Je n'entretiendrais pas autant la pensée que l'un ou l'autre individu risque de développer un cancer, de contracter le sida ou de souffrir d'une maladie chronique. Les récits qui nous sont confiés en thérapie font état d'une souffrance humaine parfois inimaginable. Il m'arrive de ressentir la douleur associée au vécu de mes patients. Je laisse alors monter en moi les larmes qui m'en libèrent, afin de ne jamais confondre la position que j'occupe avec l'état de mes patients. On dit que le rire se communique facilement ; je pense qu'il en est de même de la maladie. Souvent, la personne malade physiquement, psychiquement, ou les deux, porte sur elle la maladie réprimée, refoulée ou contrôlée de la famille. Parmi les nombreuses causes du cancer, il en est une que le médecin ne rate jamais d'explorer : l'hérédité. « Y a-t-il du cancer dans votre famille ? » Les psychiatres explorent de la même façon l'histoire des psychoses, des maladies dont on hérite ou que l'on développe selon le profil de notre histoire familiale. Jamais je n'oublierai ma lecture du livre de Fritz Zorn intitulé *Mars*[1], dont cette phrase marquante, reprise dans mes mots :

1. Fritz Zorn, *Mars*, Gallimard, Paris, 1979.

« J'ai été éduqué à mort, si bien que la tumeur logée dans mon cou représente le flot de mes larmes jamais versées. »

A l'instar de tant d'autres, cet homme nous a décrit le cancer comme étant une maladie de l'âme, une maladie issue de sa propre histoire familiale. Bien que la peur de voir l'un des miens un jour frappé par le cancer ou par le sida m'habite (et je constate que je me sens en quelque sorte à l'abri de ces maladies), sentiment entretenu par mon rôle de soignante, je retiens surtout l'impact positif de l'accompagnement sur ma vie intérieure. Comme s'il s'agissait de l'ébauche d'une œuvre sacrée qui prend ses formes et sa valeur au fil du temps, des expériences et des apprentissages. Oui, l'écoute du mourant permet de parfaire notre écoute des bien-portants. Mon profond intérêt pour le récit de vie de ceux et de celles qui me parlent me vient assurément de l'écoute des dernières paroles, que l'on porte précieusement en soi avec le sentiment d'avoir eu le privilège de ramasser la dernière récolte. Jamais plus les mots des bien-portants ne nous apparaissent sans importance, jamais plus le « Je t'aime » qui nous est adressé dans nos amitiés ou dans nos amours n'est entendu comme un cliché, comme un subterfuge. On entend bien dans le « Je t'aime » qu'un jour on ne l'entendra plus, on entend bien dans le « Je t'aime » que plusieurs de nos patients ne l'ont prononcé qu'au dernier instant de leur vie. Les mourants apprennent aux vivants que l'amour l'emporte sur la maladie comme sur la santé. Plus je vois les gens mourir, plus j'ai le goût de vivre, et plus grande devient ma force d'aimer.

Marie ■ Mon expérience rejoint celle de Johanne. L'accompagnement des mourants me donne une conscience plus grande de la précarité de la vie, mais aussi de sa valeur inouïe. La proximité de la mort est, en fait, une école de vie. Elle m'oblige à penser la vie à partir de ce qu'en disent les mourants. Ceux-ci nous enseignent en effet qu'il faut savoir prendre le temps de vivre, ne pas passer à côté de l'essentiel. Que reste-t-il d'une vie quand on s'apprête à la quitter ? Quelques moments d'amour et d'amitié, un geste qui nous a bouleversés par sa tendresse, une parole d'amour qui nous a touchés au plus profond de nous-mêmes, une attention apparemment dérisoire, mais si présente, si authentique ! Les réalisations matérielles, les succès professionnels, quand ils n'ont mis en jeu que l'« effectivité »[1] et la performance, s'estompent. Seule reste la qualité affective des événements. Peut-on entendre tout cela des mourants sans changer son rapport à la vie, sans réajuster ses valeurs, sans modifier son rapport au temps, aux êtres et aux choses ?

Lise ■ Avez-vous l'impression que votre rapport à votre propre mort s'est modifié depuis que vous accompagnez des mourants ?

Marie ■ Je dis souvent en riant que nous vivons à l'unité comme dans un couvent de bénédictins. Le voisinage de la mort fonctionne pour nous comme le *Memento Mori* de la règle bénédictine, ce texte que les moines récitent tous les matins pour se souvenir qu'ils sont mortels. Le rappel quotidien de la mort nous contraint à intégrer à notre vie de tous les jours la conscience de la mort. Cela ne veut pas dire que je pense à ma dernière heure, mais que je vis avec l'horizon de la mort et que tous les moments de ma vie prennent désormais leur relief sur ce fond de

1. Terme employé par Frans Veldman, par opposition à « affectivité ».

conscience. Paradoxalement, j'ose me risquer davantage, je vis plus pleinement.

Je crois pouvoir dire que les quelques personnes qui m'ont fait la grâce de mourir dans mes bras, ou en ma présence, m'ont aidée à dépasser l'angoisse face à la mort qui me tenaillait dans l'enfance. Par la simplicité de leur mort, par ce quelque chose d'ineffable qu'elles m'ont communiqué dans ce moment, elles m'ont profondément apaisée. J'aime penser qu'à l'heure de ma propre mort, je me souviendrai de cela.

Johanne ■ C'est une question que je me pose souvent. Je ne sais pas si j'arriverai à y répondre précisément. D'abord, parce que je n'ai pas encore expérimenté la sensation d'une maladie mortelle, d'un pronostic fatal. Bien sûr, j'ai moi-même été confrontée de très près à la mort ; elle fait partie de mon histoire, mais pas forcément de mes lendemains. Je suis très bien placée pour affirmer que l'on peut mourir d'une minute à l'autre, vous et moi. Mais il m'arrive de me penser éternelle ; c'est mon désir qui parle alors et qui l'emporte sur la réalité. Les rêves, les fantasmes, les émotions me caractérisent davantage que le rationnel ou les lois mathématiques. Je me projette centenaire, même si mon expérience de survie et l'accompagnement des mourants m'ont appris à regarder la vie au présent, à goûter l'espace entre deux instants. Je sais tout cela mais, entre le savoir et le désir, il y a tout un monde. Un monde fantasmé, un monde imaginaire où rien ne peut nous arriver, pas même mourir.

Oui, je sais que je vais mourir. « Je le sais mais au fond je n'y crois pas »[1]. Je crois en votre mort, vous croyez en la mienne. Mais chacun croit-il en la sienne ? Revenons sans plus tergiverser à votre question. Oui,

1. Paroles retenues d'une conférence de Marie de Hennezel.

j'ai l'impression que l'accompagnement des mourants modifie mon rapport à ma mort. Je me sens capable de mourir ; ceux et celles que j'accompagne me prouvent sans cesse que cela est possible et que l'événement ne se passe jamais de la même façon. Il y a autant de mourirs que de mourants. Alors, je n'éprouve pas la peur de mourir de telle ou telle manière puisque tout est possible et que ce n'est jamais pareil. Les mourants m'ont appris à me tenir debout lorsque j'entendrai un diagnostic fatal à mon sujet. Autant parce qu'ils ont su le faire que parce qu'ils n'ont pas su le faire. Ils ont renforcé ma joie de vivre et m'ont transmis la force de mourir. Je crois personnellement que plus on aime la vie, plus on se sent capable de mourir. Disons que j'en ai la force, mais pas du tout envie.

Lise ■ Comment fait-on pour faire un travail aussi lourd à porter ? N'est-ce pas déprimant ?

Marie ■ Si le contact avec le malade est bon, ce n'est pas déprimant. Au contraire, la relation avec des personnes qui sentent leur fin approcher est souvent plus authentique, donc plus riche. Les masques tombent. On reçoit des leçons de vie. Si, d'autre part, on a le sentiment, et c'est mon cas, qu'une dimension de l'être (sans doute ce qu'on appelle l'âme) peut traverser la mort et continuer son chemin ailleurs, alors c'est plus facile à porter.

Johanne ■ Je reviens à la joie que je porte au fond de moi, liée à la vie, tout à fait présente, surtout à mon réveil, à l'aube, à ce sentiment de célébrer la vie, d'être heureuse.

Cet état d'âme me donne l'impression que, pour accomplir mon travail, il faut vraiment aimer la vie, aimer en faire partie, aimer vivre, aimer. J'ai parfois la prétention de communiquer cette joie au patient, l'espoir qu'elle sera plus forte que les difficultés. Cela ne m'empêche pas de connaître des moments de tristesse face à des situations émouvantes. Mais j'ai la conviction que l'on doit être extrêmement vivant, au sens d'aimer la vie, pour accompagner un mourant. Peut-être que je me trompe. Peut-être que celui ou celle qui ne ressent pas la joie de vivre pourrait dégager autre chose que le malade saurait apprécier. Peut-être que ma joie est une défense contre la dépression.

Lise ■ Vous êtes justement en train de dire, comme Marie le mentionnait aussi plus haut à propos des moments de vérité, d'authenticité chez le patient, que l'essentiel, pour remplir ce travail, c'est d'être soi-même authentique dans son rapport à soi et à l'autre, et que là se trouve le fondement qui subsiste à travers joie et tristesse. N'est-ce pas ?

Marie ■ Tout à fait. C'est cela qui fait que l'on ne se détruit pas.

Johanne ■ C'est encore une question d'énergie. Dans les moments où j'ai moins d'énergie, j'ai tendance à rester moins longtemps dans les chambres et à m'évader dans les tâches administratives. J'évite alors la chambre du malade pour ne pas outrepasser mes limites.

Marie ■ C'est une question d'honnêteté vis-à-vis de soi-même et de l'autre !

Lise ■ Et si on parlait de cette tristesse qui n'est pas de la dépression, mais qui découle de l'usure et de la manière dont on est atteint par l'histoire de l'autre ? Il me semble que, dans un sens, il est nécessaire d'être atteint pour être à l'écoute du lieu où l'autre se trouve.

Comment composer avec l'usure, les pertes successives ? Est-ce qu'on s'insensibilise à la longue ?

Marie ■ Il me semble que c'est à la fois en maintenant un équilibre de vie et en étant créative que je compose avec l'usure et les deuils à répétition. J'ai besoin d'un contact avec la nature, de mettre régulièrement une distance géographique entre moi-même et ce lieu où l'on meurt. J'ai besoin de partager aussi des moments forts avec des enfants, des jeunes pleins de vie. Dans la mesure où je respecte ce besoin, je ne m'épuise pas. Mais c'est aussi tout le travail psychique qu'entraîne le contact avec la mort qui maintient en éveil, en créativité. Cela donne à penser, à parler, à écrire... Cela oblige à se remettre en question, à réajuster son rapport à la vie. C'est un stress positif.

Johanne ■ Ce sont les beaux moments que je porte en moi qui me restaurent. Par exemple, cette scène : un homme mourant ; à sa gauche, son fils de dix-huit ans lui tient maladroitement la main ; à sa droite, sa fille de treize ans (qui, durant l'hospitalisation de son père, a tenté deux fois de se suicider) lui prend l'autre main. Dans cette chambre circule quelque chose de beau pour le patient, mais de très difficile pour des adolescents aux prises avec l'angoisse de vivre le mourir d'un père de quarante ans. Il y a quelque chose de spécial, justement cet humour dont on parlait, chez ce patient sociable et chaleureux. Or, à la fin de sa vie, cet homme se retrouve dans un état semi-comateux, se balançant dans une sorte de va-et-vient entre le monde des vivants et celui de l'au-delà. Il nous quitte pour quelques instants, puis nous revient avec un sourire franc. C'est très réconfortant. Il a des paroles pour ses enfants. Mais, avant qu'il ne les dise, on sent toujours l'angoisse de la fille et la peur du jeune garçon. Peur d'attraper le cancer en tenant la main de son père (ce que j'ai su après). Peur d'attraper la main, le cancer, la mort, alors que la fille vit l'inconfort et le désespoir. Pour alléger l'atmosphère, j'offre à tous deux de respirer en harmonie, au rythme du patient. Car le souffle du mourant demeure la préoccupation des proches. Bien souvent, ceux-ci cessent de respirer, suspendus à ce souffle. Je me demande si ce n'est pas la lecture d'un texte de Marie qui m'a amenée à faire cette proposition[1]. Mais cela m'est venu tout naturellement lorsque j'ai dit au père : « Martin, on va respirer avec toi. » Celui-ci me semble avoir ressenti du calme dans cet accord de nos souffles, dans ce que d'autres auraient nommé une détresse respiratoire. Quelques minutes plus tard, au retour d'un nouveau passage dans le coma, il s'est exclamé : « Johanne, est-ce que je suis mort ? » Et j'ai répondu : « Tu n'es pas mort, Martin, nous sommes là à tes côtés, ton fils, ta fille et moi (son épouse, sa merveilleuse épouse s'étant exceptionnellement absentée de la chambre) et nous t'accompagnons dans ce que tu vis. » Dès lors, il repartit pour un autre court voyage. Après nombre d'aller-retour entre vie et trépas, il a ouvert les yeux et fixé sa fille en disant : « Ne t'en fais pas. Si tu savais, ma Sophie d'amour, comme c'est beau là-bas. » Et il avait alors un visage lumineux, tout à fait extraordinaire. Si seulement je savais comment vous décrire cette lumière qui nous a réchauffés, enveloppés, rassurés à ce moment précis. Un soleil de paix. La confirmation de cette beauté demeure en moi et répare d'autres images plus tristes, parfois affreuses.

Marie ■ J'ai reçu des témoignages *in extremis* du

1. Conférence intitulée « Approche psycho-énergétique du mourant », VIIe Congrès international des soins palliatifs, Montréal, 1988.

même ordre. Alors, je me dis que, même en l'absence de toute parole, de tout signe au moment de la mort, qui peut dire qu'il ne se passe rien ? Le mourant est-il en train de naître à autre chose ? Est-il accueilli ailleurs ? Cela reste un mystère, mais un mystère auquel j'accorde ma confiance. C'est sans doute parce que j'ai été témoin de ces traversées de l'angoisse, qui débouchent sur une ouverture qui est de l'ordre de l'abandon, que je peux offrir mon calme et ma confiance à un patient en pleine crise d'angoisse.

Johanne ■ Je me rallie très fort à cette confiance ; elle cohabite avec ma joie.

Lise ■ Et si je vous poussais dans vos retranchements en vous demandant de nommer à quoi vous faites confiance ou en quoi vous avez confiance ?

Marie ■ Je parle de cette confiance que l'on fait à ce qui nous dépasse, à l'inconnu, quand on ne peut plus rien et qu'on n'a finalement pas d'autre choix, sinon c'est l'enfer, l'angoisse insupportable. On est si souvent renvoyé à son impuissance, à son impossibilité de faire quoi que ce soit ! Il ne reste plus qu'à lâcher prise, à faire confiance à la capacité de l'autre de vivre ce qui lui arrive, à ses ressources internes, à la force de transformation qui œuvre en lui.

Lise ■ Et cette confiance, n'est-elle jamais minée par le doute ?

Johanne ■ L'une n'exclut pas l'autre, au contraire. On peut donner sa confiance à l'autre sans savoir ce qu'il en fera ; le doute est toujours là. Il faut savoir attendre l'après-coup. Tout comme la joie, la confiance est un état. Sans la confiance, la mort et son accompagnement ne seraient que des expériences atroces. Peut-être que le suicide reflète non seulement le désespoir, mais justement cette absence de confiance en soi, en la vie, en l'autre, en la mort et sa trajectoire. Quand il ne reste plus ni santé ni ce que les médecins appellent « espoir », il reste ce que des psychologues nomment « confiance », et d'autres « actes de foi ». La mort ne met pas un terme à la confiance. Le doute, pour sa part, permet les remises en question personnelles, donc la croissance de son être intérieur. Sans la confiance, jamais le doute ne pourrait s'installer. On ne pourrait le supporter. La confiance permet donc de douter.

Lise ■ Il me semble qu'il se dégage un portrait très rose et positif de ce que vous décrivez. Je crains l'idéalisation. Je pense au doute qui nous tenaille parfois quant à la pertinence ou à la valeur de nos interventions. Que faites-vous alors ?

Marie ■ Nous passons notre temps à être confrontées à des questions sans réponse, à vivre dans l'incertain. C'est peut-être pour cela que nous compensons par une certaine idéalisation. Mais je maintiens que la confiance peut demeurer malgré l'incertitude, et peut-être même à cause d'elle. C'est une attitude d'ouverture dans un moment où il serait si facile de fermer la porte. Ce qui n'apparaît peut-être pas assez dans nos propos, c'est que cette confiance donnée au patient ne découle pas d'une représentation du « bien mourir ». Je ne sais pas ce que c'est que de bien mourir sinon, peut-être, pour chacun, vivre son mourir, à sa manière, d'une façon unique, singulière, y compris dans la révolte.

Lise ■ Peut-être qu'on pourrait parler de ces derniers cas comme on parle de patients difficiles...

Marie ■ Il y a le danger de distinguer entre les bons mourants et les mauvais, ces derniers étant ceux dont l'évolution du processus du mourir ne correspondrait pas à celui qu'a décrit Kübler-Ross[1]. Il me semble qu'on se garde de plus en plus, maintenant, de l'illusion de la bonne mort pour céder la place à une conception qui respecte la façon que chacun a de vivre sa mort, y compris dans la colère et le refus.

Lise ■ Celle-ci n'est donc pas à corriger, comme le soutient une idéologie en vigueur dans certaines unités de soins palliatifs. C'est par rapport à cela que je vous demande de vous situer.

Marie ■ Elle n'est pas à corriger, elle est à respecter. Il y a d'ailleurs un élan vital dans l'agressivité. C'est une manière de rester vivant qui a autant de valeur qu'une autre.

Johanne ■ J'admets que plusieurs accompagnants idéalisent très souvent la mort en s'accrochant aux mots *paix, sérénité, acceptation, repos, douceur, grâce, détachement*, etc. Dans certains cas, on invite, on oblige presque le mourant à visualiser ces états et à les manifester. Les réactions de colère, d'impatience, de terreur, de désengagement, d'absence de croyances sont subtilement écartées. Elles sont niées, transformées ou carrément rejetées. Pour contrer son sentiment d'impuissance, le soignant impose souvent à l'autre ses propres fantasmes, ses propres angoisses, ses propres croyances. Ce type d'accompagnant doit être vite repéré et encadré à l'intérieur d'une formation adéquate et continue. Je crois personnellement que certains accompagnants, encore trop blessés par des pertes récentes ou profondément refoulées, tentent de se guérir à travers la souffrance de l'autre. Ce bénéfice

1. Élisabeth Kübler-Ross, *Les Derniers Instants de la vie*, Labor et Fides, Genève, 1975.

doit demeurer secondaire. La guérison est un processus personnel. Trop de soignants demandent inconsciemment à être soignés par le mourant. L'expression de cette souffrance est déplacée et bloque le travail du trépas. Il n'y a pas de bonnes ou de mauvaises façons de mourir, mais il y a assurément de bonnes et de mauvaises façons d'accompagner. L'accompagnement est un art. Ou bien il s'exerce à partir d'un don naturel, ou bien il s'apprend, à la condition qu'on sache reconnaître les besoins de l'autre et les différencier des nôtres. Je réagis à cette idée que notre travail donne l'impression de quelque chose de rose. C'est un travail difficile. Il faut constamment composer avec l'imprévu. Malgré tout ce que l'on a pu écrire sur le sujet de la mort et sur la mort des sujets, lorsque j'entre dans l'unité, j'ignore à la fois ce qui vient de se passer et ce qui va s'y passer. Il faut donc, chaque fois, pénétrer dans ces lieux avec la conscience qu'il va s'y passer quelque chose que l'on ne peut pas imaginer d'avance. Il y a absence de contrôle et donc présence du doute. J'y étais particulièrement sensible le premier mois de ma présence dans l'unité, alors que je fréquentais davantage les corridors que la chambre des malades.

Encore aujourd'hui, j'éprouve de la difficulté la première fois que j'entre dans la chambre d'un nouvel arrivé. Dans ces moments-là, je me sens réconfortée par la présence de l'équipe soignante. L'équipe soignante est une famille de soutien.

On s'accroche les uns aux autres pour ne pas sombrer dans l'isolement, pour vérifier nos pensées, nos gestes, nos craintes. Partager, prendre la relève, échanger, c'est fondamental dans notre travail. Sinon, on ne pourrait tenir le coup. Du moins, pas très longtemps.

Pour ma part, ce qui demeure à la fois difficile et

prenant, c'est l'absence d'un savoir autour de la mort, doublée de la séparation répétitive d'avec les patients qui meurent les uns après les autres : leur absence au creux de tous ces lits rapidement remplis par d'autres, la vue de ce tableau qui n'affiche un nom que pour un temps très court ; l'étonnement, la surprise répétée à la suite d'une mort soi-disant attendue mais, au fond, toujours inattendue, toujours surprenante. Toute l'équipe soignante réagit chaque fois que l'un de nous annonce la mort de monsieur Untel ou de madame Unetelle : « Non, c'est pas vrai ! »

Nous sommes pourtant dans une unité où les patients viennent mourir.

Mais voilà, on ne s'habitue pas.

Marie ■ Quand je regarde le classeur dans lequel je conserve mes notes à propos des patients que j'ai rencontrés, cela me laisse songeuse : plus de trois cents sont morts et, pourtant, seul un petit nombre d'entre eux restent présents à ma mémoire. J'éprouve le besoin d'un rituel de deuil personnel après chaque mort ; je prie, c'est ma manière de dire adieu. Il y a également, chaque semaine, dans l'unité une réunion au cours de laquelle nous parlons une dernière fois des personnes décédées la semaine précédente ; c'est une sorte de rituel de deuil laïc, une façon collective de saluer le départ de chaque personne.

Johanne ■ Nous attachons aussi beaucoup d'importance au service commémoratif qui est célébré chaque trimestre à l'étage même des malades. La famille et les proches que nous avons côtoyés reviennent ; ils participent en grand nombre. Nous tentons de reconnaître ensemble la perte et de vivre là douleur du deuil. Ce rituel trimestriel symbolise à mon avis la guérison possible chez les survivants.

64

Lise ■ Les patients dont vous vous souvenez, sont-ils ceux qui vous laissent une impression d'inachevé, parce que quelque chose n'a pu être élaboré du temps de leur vivant ? Ou bien est-ce ceux qui ont eu pour vous un rôle réparateur ?

Marie ■ Ce sont d'abord ceux qui m'ont appris quelque chose, qui m'ont fait penser, ceux qui m'ont apporté un plus de vie.

Je pense à ceux-là avec reconnaissance. Et puis, il y a ceux qui m'ont laissée avec des questions, des doutes aussi qui me travaillent jusqu'à ce qu'un autre patient difficile me fasse avancer dans ma question.

Johanne ■ Peut-être, au fond, que les patients dont on se souvient sont ceux qui nous laissent quelque chose : une leçon de vie, une question ou même un geste. Je me souviens de Robert, atteint du sida. Je lui avais rendu visite à l'hôpital Saint-Luc, entre deux consultations. Voilà que le soir, de retour à mon bureau, on sonne à la porte ; on m'apporte des fleurs. Un gros bouquet que j'ai déposé dans une autre pièce car un patient venait d'arriver. Plus tard dans la soirée, j'ai pu enfin lire le petit mot attaché à une tige :

> « ... pour te dire merci de m'avoir apaisé et accompagné dans les moments les plus difficiles de ma vie. Je t'aime. Robert. »

Jamais je n'oublierai la sensation éprouvée alors : être vivante et recevoir les fleurs d'un mourant. J'ai agrafé la petite carte dans mon carnet d'adresses et je l'ai conservée précieusement pendant un an, comme une relique. Alors, peut-être que le souvenir a quelque chose à voir avec l'objet-relique qui confirme en quelque sorte l'existence d'une relation avec le patient mort, comme si cette relation devait se matérialiser pour ne pas s'estomper derrière la mort.

Marie ■ C'est comme si, par le fait de laisser quelque chose derrière eux — un geste, une parole qui marque, une trace matérielle —, les mourants tentaient de se prolonger.

Lise ■ Avez-vous réfléchi à votre travail sous l'angle de la différenciation des sexes ? Voyez-vous une différence dans votre façon d'entrer en contact avec les hommes et avec les femmes ? Y aurait-il une façon de vivre sa mort différente chez les hommes et les femmes ? Ou est-ce que, à ce point, quelque chose de cette différence s'estompe ?

Marie ■ Quand j'entre en contact avec une personne, je me sens d'abord une humaine contactant un autre humain. Cet humain-là, qui souffre, il ne faut pas l'oublier, me signifiera très vite à quel niveau il souhaite notre rencontre. Est-ce l'enfant, voire le nourrisson en lui, qui cherchera la mère, la bonne mère en moi, parce que la mort avance avec des allures de mauvaise mère et que j'aurai à jouer un rôle de pare-excitation, de protection contre l'angoisse massive ? Est-ce que, au contraire, c'est l'homme ou la femme qui interpellera la femme que je suis, dans une rencontre sans doute plus adulte et plus fraternelle ? Je dis « fraternelle » parce que, incontestablement, la question du rapport sexué s'estompe, passe au second plan. Le contact n'est pas tant entre des corps sexués qu'entre des âmes, entre des corporalités animées pour reprendre la très belle expression de Frans Veldman[1].

Johanne ■ On parle toujours de la personne en phase terminale ou du mourant comme si la différence des sexes avait été évacuée. En fait, je ne me suis jamais

1. Frans Veldman, *op. cit.*

66

posé cette question consciemment. Il me semble que je vais plus aisément vers les hommes, que je les touche plus facilement que les femmes, alors que, en pratique privée, je n'ai jamais fait la différence parce que, là, le contact se passe de gestes. Je pense à cet homme en position fœtale dont j'ai spontanément et longuement caressé le bras, et à cet autre que j'ai bercé entre la vie et la mort. Avec les femmes, le contact s'établit plus naturellement par la parole. Je pense à une femme qui m'avait demandé de l'aider à rédiger une lettre à chacun de ses trois enfants. « Je n'ai jamais pu leur dire : "Je t'aime" ; alors, je vais leur écrire ces mots avant de partir. » Si vous remarquez, elle a utilisé le mot *partir*. Les mourants prononcent rarement le mot *mourir*. C'est le bien-portant qui le fait presque toujours. Or, cette patiente avait une fille de mon âge. Elle vérifia attentivement mes réactions tout au long de la composition de ses lettres, ressentant une gêne archaïque à révéler ses sentiments. Je me souviens d'avoir éprouvé le sentiment qu'un travail important avait tout juste eu le temps de s'effectuer ; j'ai alors eu la réconfortante sensation d'avoir contribué à une sorte de cheminement ultime. Mais, une fois les trois lettres écrites, la malade les a rangées au fond d'un tiroir rempli d'effets personnels. Quelques jours plus tard, elle m'a confié : « J'ai déchiré les lettres ; je n'avais plus envie de dire tout ça. » Son désir avait été réel, mais passager. Amour, culpabilité, peur et ressentiment l'avaient plongée dans des états contradictoires. Elle a vu sa fille en moi et j'ai vu ma mère en elle. J'ai dû reconnaître mon propre désir subitement frustré, ce qui ne m'a pas empêché d'accompagner le sien. Face à la mort, l'identification est exacerbée, les transferts et contre-transferts sont manifestes ; bref, la tentation est forte de se voir à la place de l'autre. Il faut être très vigilant ; la thérapeute en moi questionne souvent l'enfant et la femme qui la précèdent. Quant au mourant, qu'il soit homme ou femme, cela n'empêche rien. L'être régressé a-t-il un sexe ?

Lise ■ Cela nous replonge dans la question du toucher, de la respiration, de modes d'expression antérieurs à la parole. Je pense aux travaux de Didier Anzieux[1], intitulés *le Moi-peau* et *l'Enveloppe sonore de moi*, et aussi à ce qu'a écrit un analyste lacanien, Jean-Louis Tristani, sur le stade du respir[2]. Tous ces thèmes nous renvoient aussi à ce que Marie a écrit à propos du souffle. Au fond, vous semblez toutes deux laisser entendre que plus il y a régression, plus cela passe par le non-verbal, par le langage corporel, comme si, naturellement, les choses tendaient vers cela dans l'accompagnement.

Marie ■ D'un jour à l'autre, on entend dire des patients qu'ils « baissent » ou qu'ils « plongent » petit à petit dans l'inconscience. Certains nous quittent progressivement en se détachant peu à peu, en s'éloignant. Ces personnes ont besoin d'une présence calme et sereine qui les laisse tout simplement partir, surtout si elles sont dans le coma. Mais d'autres se mettent en boule, se recroquevillent dans nos bras, cherchent un contact affectif empreint de sécurité et de tendresse. On dirait qu'elles sont en quête d'une sécurité perdue ou jamais trouvée et qu'il leur faut vivre pour pouvoir aller plus loin, c'est-à-dire mourir. Là, il est bon d'être toute tendresse et toute présence à l'autre. Combien de fois j'ai senti des mourants accepter de s'abandon-

1. Didier Anzieux, *Une peau pour les pensées*, Clancier-Guénaud, Paris, 1986.
2. Jean-Louis Tristani, *Le Stade du respir*, Éditions de Minuit, Paris, 1978.

ner, de lâcher prise dans ce contact affectif et confirmant !

Lise ■ Parleriez-vous d'accompagner la régression ?

Marie ■ Certainement. De M'uzan[1] qualifie de « relation transférentielle régressive » la relation qui lie l'agonisant au thérapeute. Le travail du trépas est décrit comme une tentative de « se mettre complètement au monde avant de disparaître », c'est-à-dire d'assimiler tout ce qui n'a pu l'être jusque-là dans la vie pulsionnelle. De M'uzan insiste sur la disponibilité absolue, sur la présence qualitativement sans défaillance que cela exige de la part du thérapeute, qui assume ainsi une fonction maternelle et protectrice, permettant au patient de lâcher prise, de se laisser porter et, peut-être, de vivre d'ultimes expériences.

Johanne ■ Le sens profond de l'accompagnement consiste justement à être présent à l'autre dans ce qu'il vit. Or, l'acte de mourir renvoie l'homme à son acte de naître. Certains mourants se mettent à téter dans un espace qu'ils comblent sans doute par l'objet fantasmé ; d'autres se recroquevillent en position fœtale ; la plupart s'alimentent de liquides et plusieurs souffrent d'incontinence. Il y a un retour aux couches, aux alèses ; la peau est fragile ; les crânes sont nus ; les lits ont des barreaux ; tous dorment plusieurs heures par jour ; peu s'expriment par la parole. Il n'y a plus grand-chose de possible sans l'aide de l'autre. Il s'agit d'une dépendance infantile que bien peu d'adultes peuvent supporter. De là, en bonne partie, l'agressivité des malades. Plusieurs soignants ont malheureusement tendance à leur parler comme on parle aux enfants. On les lave, les nourrit, les change de position, leur

1. Michel de M'uzan, *op. cit.*

humecte les lèvres, leur éponge le front ; on risque d'oublier qu'ils sont des adultes régressés et on les traite en bébés naissants. Parfois cela convient, d'autres fois vraiment pas. Cela dépend des circonstances, des personnes, des besoins, des demandes, des désirs. Si la personne est régressée, je veux bien accompagner sa régression, mais en cherchant la façon aidante et pertinente de le faire. Par exemple, l'état comateux est particulier. Il me vient cette image d'un homme qui a passé quatorze heures à l'unité dans un état comateux. On disait de lui qu'il était un homme heureux, joyeux, aimant la vie, possédant une grande facilité de parole. Autour du lit se trouvaient son épouse, son fils et ses deux sœurs. Un moment joyeux a surgi entre eux, dont je porte encore le souvenir. Sur la table, près du lit, comme à côté de chaque patient d'ailleurs, il y avait un magnétophone à cassettes. (La musicothérapie tient une place importante à l'unité.) Or, lors d'un récent voyage à Nashville, au Tennessee, cet homme avait enregistré sa propre voix car il aimait beaucoup chanter. Il savait aussi jouer du piano. Tout un côté de la cassette contenait des chansons interprétées par le patient durant sa vie active et, sur l'autre, on pouvait entendre la voix de sa femme. Cet après-midi-là, ses proches ont fait jouer le côté où il chantait ; quand il s'est entendu, le patient a manifesté une réaction de joie. Voilà un type de communication bien particulier. Cela confirme que, même dans le coma, il se passe toutes sortes de choses et la vie continue à se manifester. Nous les ignorons parfois, peut-être parce que nous sommes mal à l'aise en pareille situation. Mal à l'aise comme je le suis devant un patient trachéotomisé, avec ce trou dans la gorge, ce trou dans la parole. Cela montre bien que nous ne pouvons pas faire abstraction du corps souffrant.

Lise ■ A la limite, c'est une banalité de dire que quelqu'un atteint dans son corps subit des blessures narcissiques très importantes et que cela vient altérer une partie de son moi. Il ne peut en être autrement. Mais si l'on regarde cette situation par l'autre bout de la lorgnette, en quoi la dégradation physique des hommes et des femmes que vous accompagnez vous touche-t-elle ?

Marie ■ Cela me fait penser au travail que j'ai pu faire avec une infirmière qui s'était identifiée à une femme du même âge atteinte d'un cancer du sein très avancé. Panser cette femme était devenu si pénible pour cette soignante qu'elle rentrait chez elle avec une douleur au sein quasi permanente. Cette douleur au sein se calma brusquement un jour où elle était en congé. Il se trouve que, au même moment, la patiente mourait ! Nous avons travaillé, cette infirmière et moi, à la manière de rester en contact affectif étroit sans pour autant s'identifier à l'autre, à la manière de voir au-delà du corps, c'est-à-dire de sentir la personne dans toute son intégrité, dans son essence, plutôt que de l'approcher par le regard. Ou encore, s'il faut accrocher le regard quelque part, on cherchera les lieux du corps qui témoignent de cette intégrité : les yeux dont on dit qu'ils sont les fenêtres de l'âme, ou le visage, qui porte souvent toute l'affectivité, toute l'intériorité de l'être. Mais parfois, le visage lui-même est atteint, rongé, déformé. Cela oblige à aller plus loin encore, au-delà des apparences.

Lise ■ Au fond, ce cas extrême où se pose la nécessité absolue d'aller au-delà de l'apparence n'est qu'une image amplifiée de ce que sont tous les contacts authentiques avec l'autre. Dans votre travail, vous êtes en quelque sorte forcées de toujours passer le cap des apparences.

Johanne ■ Et il faut le faire. On sent très vite la nécessité de dépasser la peur, la réticence, l'inconfort. Avec les mourants, c'est par le contact de main à main que j'y arrive. A cause de la transmission d'énergie. Je ne cherche pas à l'expliquer. J'ai peur qu'une tentative d'explication dilue le courant qui passe très fort entre la main du vivant et celle du mourant, entre la main du soignant et celle du soigné. Cette énergie me garde en équilibre, en force ; elle me donne la capacité d'être, de rester là, de contenir la difficulté qui se vit à deux. J'ai travaillé avec une jeune patiente de vingt-sept ans dont la moitié du visage était ravagée par le cancer. Mon premier contact avec elle fut très difficile, d'abord à cause de son âge, puis parce que c'était une femme et, enfin, parce que je n'avais pas été prévenue de son état avant d'entrer dans la chambre. Je me suis assise à ses côtés, au département d'oncologie, là où elle devait recevoir un dernier traitement, un mois avant qu'elle ne décède. J'étais placée du côté du visage déformé, que j'ai beaucoup regardé en vue de surmonter ma peur. Puis, je lui ai pris la main. J'avais besoin de son énergie, de trouver la force dans la main de l'autre, la force de travailler. J'ai fini par oublier les ravages de son visage au cours des visites suivantes. Cela demande un effort, une confiance en sa capacité de dépasser le terrifiant. Il faut y aller à son rythme, ne pas outrepasser ses limites mais les reconnaître, les exprimer dans des lieux appropriés, les travailler avec un collègue à qui l'on peut se confier sans fard.

Marie ■ Ce qui me frappe dans l'exemple que tu viens de donner, et dans tes propos, c'est que ce sont les mourants qui t'aident en quelque sorte, avec leur force, leur énergie. C'est une banalité de dire que l'on reçoit beaucoup de ceux que l'on est censé aider, mais il est remarquable que ceux qui sont apparemment les plus démunis savent nous rassurer, nous accueillir par un sourire, une main invitante. Dès que le contact est établi, on oublie sa peur d'affronter un visage ravagé, on est là avec la personne.

Johanne ■ Mais, pour les trachéotomisés, je n'arrive pas à oublier. Quelque chose demeure difficile jusqu'au bout. Quand j'entends un malade tousser de ce lieu (peut-être est-ce pour moi lié à l'étouffement, à quelque chose qui étrangle), même la main n'arrive pas toujours à m'apaiser. J'avoue qu'il s'agit là, pour moi, d'une limite peut-être infranchissable. Alors, je reste moins longtemps dans la chambre d'un tel patient pour ne pas risquer l'épuisement et, au fond, nuire à la poursuite de mon travail, bref, pour ne pas nuire au patient. Le phénomène d'identification ne laisse pas de répit. J'ai personnellement échappé de justesse à une trachéotomie. Or, je suis persuadée que ces malades me renvoient à ce moment d'angoisse. J'en suis très consciente. Cela fait partie des choses qu'il me reste à travailler.

Marie ■ Au fond, la peur face à un trachéotomisé ne vient-elle pas d'avoir à risquer sa propre parole, d'avoir à prêter ses propres mots à l'autre, au risque de se tromper ! Quand je m'assois auprès d'un tel malade, je me risque à lui exprimer ce que je sens de sa souffrance, je me laisse guider par l'expression de son visage qui sait me dire si je me trompe ou pas. C'est une communication difficile, mais souvent très profonde, parce qu'on donne beaucoup de soi en se risquant, et l'autre le sent.

Lise ■ Vous avez parlé l'une et l'autre de l'urgence de l'accompagnement face à cette mort qui se présente presque comme un ultimatum obligeant le mourant à régler ses conflits ou ses affaires avec sa famille, avec d'autres êtres chers ou même face à sa propre dynamique interne. Le « maintenant ou jamais » prend une dimension cruciale. Est-il toujours présent, ce « maintenant ou jamais » ?

Marie ■ Cela fait partie des incertitudes de notre travail de ne pas savoir si, dans le temps qui lui reste, le patient pourra régler ses affaires en suspens ou tout simplement aller au bout de ce qu'il a à vivre. Cette incertitude nous demande d'être disponibles, de savoir saisir la perche si elle nous est tendue, de savoir la tendre au patient si le moment favorable se présente. On entre souvent dans une chambre sans savoir combien de temps on y restera. Et si un patient ou un proche nous fait une demande, il n'est pas question de la remettre à plus tard ; il faut répondre : « Présent ! » car, en effet, c'est souvent maintenant ou jamais. Quand je suis avec un mourant, j'ai conscience que cela peut être pour la dernière fois. Lors d'une conférence récente[1], j'ai évoqué cette question du temps. La mythologie grecque connaissait, à côté de Kronos, le dieu du temps qui dévore, un certain Kairos, le dieu du moment juste, du moment opportun. Confrontés comme nous le sommes à la mort dans tout ce qu'elle peut avoir de dévorant et d'angoissant, le recours à Kairos est très précieux. Quand on a le sentiment d'avoir vécu un moment juste, c'est très réparateur.

Johanne ■ Je partage ce sentiment. Ce qui importe, c'est d'être ouverte à l'imprévu, d'être prête, disponible à ce qui va se passer. En ce qui concerne ce que Kübler-Ross appelle l'*unfinished business*[2], je ne sens

1. « La bonne mort » (voir le chapitre 2).
2. Élisabeth Kübler-Ross, *op. cit.*

74

pas vraiment cette pression devant ce qu'on nomme l'inachevé. D'ailleurs, qu'en savons-nous ? Ce qui n'a pas eu lieu sur un certain plan aura peut-être lieu sur un autre. Je dois donc composer autant avec ce qui arrive qu'avec ce qui n'arrive pas, c'est-à-dire avec l'absence d'une conclusion, avec l'énigme. Je sais que les choses peuvent avoir lieu sans moi, hors de moi et au-delà de moi.

Marie ■ Cela finit par devenir un piège, cette idée qu'on ne peut pas mourir en paix sans avoir réglé ses affaires, un piège pour les soignants, qui se sentent obligés de tout faire pour que le mourant règle ses problèmes. Il est nécessaire de considérer les choses avec plus de recul et de modestie. Après tout, chacun dispose probablement du temps dont il a besoin, mais tous ne disposent pas nécessairement des moyens de se mettre en paix avec eux-mêmes et avec les autres.

Johanne ■ Il y a donc souvent une forme de précipitation, d'activisme pour se conformer à un idéal du processus du mourir ?

Johanne ■ Tout à fait. Les soignants parlent sans cesse de la contrainte du temps. Ça s'est passé trop vite ou trop lentement... on n'a pas eu le temps... Or, ce sentiment de vouloir régler les choses à tout prix, de clore les situations, est né du concept d'*unfinished business*. Sans doute est-ce parce que j'ai failli mourir brutalement, sans avoir le temps de régler mes affaires, que je me situe différemment dans mon rapport au temps, au temps qui reste. Il faut composer avec. Seule la survie importe dans bien des cas. Régler ses affaires est un désir de bien-portant ; ou bien les mourants n'en ont pas la force, ou bien ils n'en ont pas l'intention. Souvent, ils règlent « les papiers » sous la pression de l'entourage, rarement à partir d'un élan naturel. Les soignants et les proches se posent souvent des questions par rapport au temps : « Est-ce que je dois rester ? », « Est-ce que je peux m'en aller ? », « En a-t-il encore pour longtemps ? » On regarde l'heure... Cela découle du souci constant d'être le témoin de l'événement important, du dernier instant. Ne pas être là au bon moment représente pour certains une forme d'échec, donne l'impression d'avoir quelque part failli à leur tâche d'accompagnant.

Marie ■ Cette pression de l'entourage par rapport à l'espace et au temps, on a parfois l'impression que le patient tente de s'y soustraire en mourant seul, pendant les quelques instants où l'on est parti boire un café, par exemple !

Johanne ■ Cela nous mène à nous interroger sur l'opportunité d'une présence. Je demeure toutefois persuadée que personne ne décide consciemment de rester ou de partir. Nous interprétons les événements pour soulager ou, à l'inverse, pour remettre la mort en question. Mais, au fond, nous sommes à la merci de la mort, à moins que l'euthanasie ou le suicide ne viennent la court-circuiter.

Lise ■ Justement, comment pouvez-vous être sûres d'être la bonne personne pour celui ou celle qui va mourir ? Pourquoi pas tel autre membre de l'équipe, tel autre membre de la famille ? Comment voyez-vous le rôle que vous exercez ? Même si votre titre vous donne un laissez-passer, jugez-vous toujours votre présence opportune ?

Marie ■ Je n'ai jamais pensé que mon titre garantissait l'opportunité de ma présence auprès d'un patient. Une fois le contact établi avec un malade, ma présence auprès de lui découle soit de sa demande, soit d'une décision d'équipe. La question de savoir qui, dans l'équipe, peut le mieux répondre aux besoins d'une personne suppose d'abord qu'on identifie ces besoins en fonction de la répartition professionnelle ; et puis, il y a la question des affinités. Le rôle d'une psychologue dans une unité de soins palliatifs consiste parfois tout simplement à aider un médecin, une infirmière, une aide-soignante ou encore un proche à assumer une relation d'aide auprès d'un mourant parce que cette personne aura été désignée, choisie par le patient lui-même.

Lise ■ Mais, par-delà ces choix affectifs et personnels, à partir de votre expérience de travail en équipe, est-ce que vous pensez que le véritable accompagnement consiste essentiellement en une disponibilité et une écoute qui débordent les spécialités professionnelles, ou croyez-vous que la spécificité des rôles soit importante ?

Marie ■ L'écoute ou la disponibilité sont d'abord des qualités humaines. Mais ce n'est pas parce qu'elles ne sont pas spécifiquement professionnelles que tout le monde y a accès. On n'accède pas si facilement à une véritable écoute. Par ailleurs, quand un conflit psychique vient bloquer la relation du patient à lui-même ou à son entourage, il paraît nécessaire qu'une personne entraînée à l'écoute de l'inconscient, de sa dynamique, de ses mécanismes de défense, intervienne. C'est pourquoi je parle volontiers d'accompagnement psychothérapique.

Johanne ■ De même que je sens très bien que je ne peux pas remplir le rôle d'une infirmière quand un patient réclame le bassin ou se plaint d'une douleur, de même l'infirmière fait appel à moi lorsque le patient, en sa présence, traverse une crise d'angoisse ou a fait un cauchemar. Souvent, l'infirmière dira :

« J'ai tenté d'écouter, de bien écouter, mais je ne sais plus comment intervenir, je ne sais plus quoi faire à partir de là. »

Cela démontre bien la nécessité d'un travail d'équipe. C'est presque à travers le rôle de l'autre, les limites de l'autre, que je saisis mon propre rôle, mes propres limites, car l'intervention de l'un engage et complète l'intervention de l'autre. Par exemple, c'est souvent l'infirmière qui saisira le moment opportun pour aviser le patient de l'existence d'un psychologue. C'est elle la mieux placée ; c'est elle qui vient quand le patient appelle. Les sonnettes ou les lumières d'appel ne sont reliées qu'au poste des infirmières. Pour revenir à la répartition des rôles, l'infirmière est celle qui soigne, qui touche, qui materne le plus. Les patients m'ont tellement dit, avant de mourir, combien ils s'étaient sentis vivants grâce à ces soins assurés par l'infirmière. J'aimerais parfois détenir un tel rôle, avoir quelque chose d'aussi concret à offrir, comme laver ou panser le malade. Je n'arrive pas avec un matériel précis et je trouve parfois cela difficile. Le corps qui souffre permet à l'infirmière d'apporter un soulagement évident. Je n'ai pas cette impression quand j'arrive sans blouse, sans médicaments, sans stéthoscope, sans plateau de repas...

Marie ■ C'est vrai que nous travaillons sans soutien matériel. Nous ne pouvons pas nous abriter derrière tous ces écrans, mais est-ce que ce ne serait pas justement notre chance ? Personnellement, je touche les patients. Ma formation en haptonomie m'a permis d'oser un contact tactile avec eux. Sans doute est-ce parce que je n'ai pas de motifs professionnels de le faire qu'ils se sentent d'autant plus touchés dans leur être, dans leur personne, au-delà du corps. Johanne, tu dis que les infirmières touchent et donc soulagent les malades ; je crois que, malheureusement, trop de patients se sentent touchés comme un objet, manipulés comme une chose, et que le soignant doit posséder une grande maturité personnelle et affective pour savoir toucher la personne au-delà du corps avec un respect infini. Mais il est vrai que la plupart des soignants en soins palliatifs ont cette dimension.

Johanne ■ Est-ce que le rôle d'une psychologue au sein d'une unité de soins palliatifs ne serait pas aussi de garantir le respect du désir de la personne, le respect de sa dimension intérieure, psychique, essentielle ? L'écoute du psychologue demeure sa spécificité, sa force, son rôle. Je la qualifierais d'écoute empathique et perceptive, car elle passe par l'ouïe, la vue, le toucher. C'est une écoute phénoménologique, qui implique le désir de découvrir la signification de l'expérience de l'autre, le sens qu'il lui donne, une écoute dépourvue d'hypothèses, libre, fluide, qui laisse la place à ce qu'on n'a pu imaginer. Cette quête, cette découverte de l'autre, est d'ailleurs garante d'un désir constamment entretenu : celui d'apprendre. J'oserais dire que le savoir n'existe pas en soins palliatifs ; seul le cumul d'expériences permet d'élaborer un scénario, de risquer une interprétation. Oui, j'arrive presque neuve chaque fois, enfin je l'espère parce que je ne sais pas ce qui va se passer et je me sens disposée à accueillir ce qui va arriver. Ce pourrait être un refus, un accueil, un silence, une parole, de l'indifférence, tout comme dans un contexte plus évident de thérapie. Le rôle du psychologue au chevet du malade est subtil, discret. Nous n'avons pas été formés dans la perspective d'œuvrer dans un tel espace physique. J'ai donc dû l'apprendre sur le vif, en arrivant aux côtés du malade, auprès de son corps souffrant, dans une situation imprévue et imprévisible.

Marie ■ C'est juste. Voici une situation vécue récemment qui illustre bien le rôle précis que peut remplir le psychologue. Il s'agit d'une femme en phase terminale d'un cancer généralisé, aux prises avec un problème de douleur non contrôlée à son arrivée à l'unité. J'ai, pour ma part, diagnostiqué dès la première rencontre une souffrance psychique profonde liée à une image de soi détériorée et à une grande insécurité affective. Il apparaissait clairement qu'il faudrait beaucoup plus de temps et d'engagement pour traiter la souffrance psychique de cette patiente que pour soulager sa douleur physique. Lorsque la douleur fut contrôlée, il fut question de la renvoyer chez elle. C'est là que je suis intervenue au niveau de l'équipe, attirant l'attention sur le fait que cette femme avait tout juste découvert, au contact chaleureux des soignants, une possibilité de se réconcilier avec elle-même, de se sentir aimée et valorisée malgré sa détérioration physique. Ne fallait-il pas lui laisser le temps de consolider, de développer cette sécurité nouvellement acquise ? Curieusement, lorsque cette patiente apprit qu'on envisageait de la renvoyer chez elle, son état s'aggrava. J'y ai vu une confirmation du besoin pressant que j'avais sentie chez elle de rester dans l'unité pour y vivre cette sécurité affective que la vie ne lui avait pas encore donnée. Je ne suis pas certaine que, en mon absence, cet aspect des choses aurait été pris en considération.

Johanne ■ En fait, nous travaillons presque autant en liaison avec l'équipe qu'avec le patient directement.

Marie ■ Et en liaison avec la famille. Dans l'histoire que je viens d'évoquer, l'entretien que j'ai eu avec le mari de cette femme a été un tournant dans la relation du couple. Cet échange a-t-il déclenché chez cet homme une prise de conscience de la gravité de l'état de sa femme, de ses besoins réels qui étaient de nature affective ? A-t-il dissous une forme d'inhibition ? Toujours est-il que cet homme a pu et su manifester sa tendresse à sa femme. Celle-ci s'est sentie touchée ; il y a eu un renouveau de leur affection, juste avant sa mort. Il me semble que cette fonction du psychologue se situe vraiment du côté de la médiation ; nous jetons des ponts pour répondre à ce besoin ultime du mourant d'être en relation.

Johanne ■ C'est vrai que le contexte même de l'unité de soins palliatifs, avec toute la dimension de l'accueil des familles, va dans le sens d'une socialisation du mourir. Dans la chambre du malade, les gens se regroupent autour du lit. Comment intervenir dans ce contexte ? Faut-il négocier avec les proches pour obtenir le temps et l'espace qui nous semblent nécessaires pour travailler seul à seul avec le patient ? Faire sortir la famille : en ai-je le droit, la capacité ? Bien que la présence d'un tiers me mette souvent mal à l'aise, je n'arrive pas à imposer cette séparation, ce deuil au mourant. Pour le moment, j'inclus encore les proches. D'ailleurs, il y a deux chambres doubles dans l'unité. Dans ce contexte, le voisin est souvent témoin de ma rencontre avec un malade. Il faut bien s'adapter à ces circonstances. Je compose régulièrement avec la présence de la famille durant mes interventions. Cette présence est parfois aidante ; à d'autres moments, elle nuit. Dans ce dernier cas, j'invite les membres de la famille à me rencontrer à mon bureau. Ils y viennent, mais avec la peur de rater la mort de l'être aimé.

Marie ■ Contrairement à ce que l'on pense, la présence d'un tiers facilite plutôt qu'elle n'empêche la parole. En pratiquant ces entretiens à plusieurs autour du lit du malade, je ne suis rendu compte qu'ils pouvaient être extrêmement féconds à cause de ce qui pouvait ensuite circuler de l'un à l'autre. De même, il m'arrive de proposer à un médecin et à une infirmière d'assister à l'entretien que j'ai avec un malade. Nous avons aussi un rôle pédagogique. De tels entretiens à trois permettent à chaque soignant de voir les choses d'un autre point de vue.

Johanne ■ On est loin de ce qui se passe en psychothérapie privée. Il n'y a pas de contrat ; il y a la ou les rencontres.

Marie ■ Oui, mais on s'engage tout de même et on se met d'accord sur le rythme des entretiens. Mais tout peut être remis en question par l'aggravation d'un état, ce qui entraîne souvent une présence plus assidue de la famille. Il devient alors plus difficile de continuer sur le même mode. Il faut s'adapter, laisser la parole circuler non pas seulement entre le patient et soi, mais entre tous ceux qui l'entourent, et même, parfois, savoir s'effacer.

Johanne ■ Ce n'est pas facile. On dirait que toutes les règles qui sont les garde-fous de la pratique psychothérapique sautent devant la mort. Je me suis longtemps questionnée sur la confidentialité dans le contexte de l'accompagnement des mourants. Lorsque j'étais en stage de formation à l'unité des soins palliatifs de l'hôpital Royal Victoria, l'échange d'informations lors des réunions d'équipe me gênait beaucoup. Je n'avais pas été préparée à la lecture collective d'histoires de cas. Fallait-il partager une information confidentielle avec le reste de l'équipe ? L'expérience m'a appris que le groupe peut garder un secret. Le secret se tient entre nous, comme un objet sacré que personne ne voudrait laisser échapper. Tout se dit avec le respect dont on aimerait être soi-même entouré peut-être ?

Marie ■ Je ne considère pas que j'aie à rapporter à l'équipe tout ce que me dit un patient. Il y a des informations nécessaires à la prise en charge globale de la personne, nécessaires à une meilleure compréhension du patient; ces informations doivent être partagées, mais le reste peut être gardé secret.

Johanne ■ En fait, il s'agit de discerner entre ce que l'équipe a besoin de connaître au sujet d'un patient pour son mieux-être et ce qui doit être respecté comme faisant partie des choses intimes qui ne sauraient être dévoilées au grand jour. Après l'écoute, le respect de la confidence demeure le plus grand souci du psychologue.

Lise ■ Avec le recul, quelles sont les qualités nécessaires pour être un bon accompagnant?

Johanne ■ L'accompagnement ne suit aucune recette toute faite, mais requiert très certainement des qualités de base essentielles, des attitudes et une approche humanistes, une volonté de suivre de près sa propre évolution, ses sentiments, ses réactions, ainsi que le recours à une formation continue par des études, des lectures, des colloques, des échanges et un soutien pluridisciplinaire.

Parmi les qualités de base du bon accompagnant, je me permets d'insister sur l'humilité, l'authenticité, la spontanéité, la souplesse, la générosité, l'ouverture d'esprit, l'accueil de la différence, l'écoute empathique et la capacité de soutenir les silences. Les personnes les moins douées pour s'engager dans l'accompagnement, ou du moins les plus à risque, sont les gardiens du contrôle, de l'ordre des choses, les tenanciers de notions préconçues, de croyances immuables, les théoriciens capables d'expliquer l'inexplicable et les personnes tout récemment endeuillées et blessées par la perte. J'ai été plus d'une fois témoin d'une forme de harcèlement religieux de la part de certains soignants aux prises avec de fortes réactions contrephobiques et convaincus de l'omniprésence d'un dieu unique, capable et responsable de tout, férus de propos pieux qui remplaçaient la parole du mourant et qui cherchaient à sauver celle du soignant. L'imposition de ses propres croyances est à mon avis l'envers d'une entrée en relation et peut carrément bloquer ou perturber le travail du trépas.

Je n'ai pas beaucoup de tolérance envers les gens qui s'improvisent accompagnants, au sein de divers organismes de bonne foi, sans se questionner sur leurs motivations, leurs connaissances, leurs talents, la nature de leur désir. Il y a présentement ce que j'oserais appeler une mode, un certain mythe de la beauté de l'accompagnement. Fort heureusement, la mort devient un sujet davantage abordé ouvertement, moins tabou, surtout depuis l'avènement du sida. On croit de plus en plus que la mort peut se vivre en dehors de l'hôpital. Il y a une sorte de retour au mourir à domicile. Le bénévolat prend de plus en plus d'importance chez les gens qui éprouvent le besoin de se consacrer à de bonnes actions. Tant mieux ! Les malades en ont grandement besoin. J'admire au plus haut point les bénévoles rattachés à notre unité. Qu'il s'agisse de bénévoles ou d'accompagnants professionnels, une formation en soins palliatifs est absolument nécessaire, mais elle n'est pas suffisante. Comme pour tout autre métier, je crois que certaines personnes sont destinées à l'accompagnement alors que d'autres s'obstinent à s'y adonner malgré l'absence des qualités requises pour remplir un tel mandat. Si l'on pense à la bonne mère, on pourrait la décrire comme celle qui aime, accueille, reçoit, nourrit, dorlote son enfant, tout en le laissant s'exprimer, s'opposer, craindre, pleurer, douter, demander et... grandir. Le soigné a grandement besoin du soignant, mais on assiste souvent au mouvement inverse. Comme je l'ai déjà souligné, il n'est pas rare d'entendre les soignants raconter leurs soucis personnels aux mourants. Il n'est pas rare de voir les mourants épargner les soignants, éviter d'exprimer leurs propres problèmes par peur d'accabler leurs accompagnants déjà éprouvés. Je déplore de telles situations, mais elles existent ! Cela m'incite à enseigner sur l'approche psychologique du mourant. Il est dommage que la médecine, la psychologie, le nursing et tant d'autres sciences humaines, médicales et paramédicales, ne consacrent que très peu d'heures aux études sur la mort. Je ne l'admets toujours pas, particulièrement à l'intérieur des trois premières disciplines, lesquelles sont régulièrement confrontées à la mort ou, à tout le moins, à la perte. D'où le besoin de recourir à des formations supplémentaires, et il en faut plus d'une. Si vous avez l'impression qu'il vous reste beaucoup à apprendre, malgré vos nombreuses années d'expérience, malgré des deuils répétés, malgré la certitude d'avoir la plupart du temps agi et réagi au meilleur de votre connaissance, au meilleur de vous-même, alors vous êtes un accompagnant suffisamment bon pour continuer.

Marie ■ On n'écoute vraiment quelqu'un que si l'on a conscience d'être en présence d'un mystère vivant, c'est-à-dire si l'on a conscience des limites de notre compréhension. Nous ne percevons jamais qu'une facette de l'autre. Que savons-nous de lui ? Il restera à jamais un étranger, radicalement autre. Aussi, l'écouter, c'est être toutes antennes sorties, réceptifs à ce mystère.

Ce que nous pouvons apporter de plus précieux, c'est la profondeur de notre présence, la finesse de notre attention à l'autre. C'est être là, sans jugement, sans attente particulière. Cela peut paraître simple, et cela l'est, en effet, mais l'accès à cette qualité d'écoute n'est pas si aisé qu'on l'imagine. La bonne volonté ne suffit pas, car les meilleures intentions masquent souvent un projet pour l'autre qui entrave toute écoute. Je pense souvent à cette phrase de saint Jean-Baptiste : « Il faut qu'il croisse et que je diminue. » Plus notre présence est transparente, plus l'autre a de l'espace pour s'exprimer, pour être. Qui sommes-nous, en effet, pour prétendre savoir ce qui est bon pour l'autre ? Ainsi, avec le recul et l'expérience, je pense que plus on approfondit la qualité de sa présence inconditionnelle, plus on permet à l'autre de se transformer, d'évoluer sur son propre chemin.

Lise ■ Que pensez-vous de l'accompagnement à domicile ?

Marie ■ Je n'en ai pas l'expérience.

Johanne ■ Pour ma part, je n'ai pas une très vaste expérience de l'accompagnement dans ce contexte. Aux soins palliatifs, nous offrons les services d'un suivi à domicile plus particulièrement assuré par une équipe de médecins et d'infirmières. Étant la benjamine de notre famille pluridisciplinaire, la psychologie centre son rôle sur les lieux mêmes de l'unité hospitalière. C'est plutôt dans le cadre de ma pratique privée que j'ai eu l'occasion de poursuivre mes services à domicile. Des patients atteints d'un cancer ou du sida m'ont d'abord consultée durant une période variant de six à dix-huit mois précédant leur immobilisation à domicile. En fait, si vous me demandiez ce que je considère le plus difficile dans mon métier, je vous répondrais que ce sont mes visites à domicile, pour plusieurs raisons, dont le temps exigé par les déplacements et le contexte qui varie constamment d'une famille à l'autre. On connaît l'importance que prend un lieu thérapeutique dans le *working through process* (processus psychothérapique : même jour, même lieu, même heure, même chaise). La présence des membres de la famille dans notre champ thérapeutique est parfois aidante, parfois gênante, ainsi que la place accordée à la nourriture, fréquemment offerte aux soignants, tout spécialement au domicile des patients.

Nos souvenirs les plus marquants sont sans doute nos tout premiers contacts avec un malade, sa maladie et ses proches. L'expérience que voici remonte à mon premier accompagnement d'une femme atteinte du sida. C'était en juillet 1986. Armée de connaissances tirées de nombreuses lectures sur ce *nouveau syndrome*, j'avais éprouvé le désir de me joindre à un groupe d'accompagnants bénévoles, tout juste avant d'entreprendre mon stage de formation en psychologie. Agée de trente-neuf ans, la femme que j'allais rencontrer rentrait chez elle après plusieurs mois d'hospitalisation. Des complications postchirurgicales avaient conduit ses médecins sur la piste du virus fatal. Je n'avais jamais imaginé que la peur allait à ce point m'envahir en me présentant au domicile d'une personne victime de ce syndrome. Je m'étais crue parfaitement à l'abri d'une telle réaction ! Cette expérience m'a éclairée sur les peurs exprimées par la plupart des soignants confrontés au sida.

La peur de contracter le sida est une réaction émotionnelle qui n'a rien à voir avec la connaissance intellectuelle de sa transmissibilité. Dès mon arrivée, j'ai imaginé l'omniprésence d'un virus capable de contaminer autant les personnes que les objets environnants. Malgré ma panique intérieure, je me suis laissé conduire jusqu'à la chambre de cette femme par sa charmante et courageuse mère. Les larmes, l'angoisse et le désespoir caractérisaient l'état dans lequel j'ai retrouvé la patiente alitée, terriblement souffrante. Je me rappelle avoir alors pensé : « Ce pourrait être moi. » L'identification au mourant est un mécanisme puissant, un piège attirant, un trou dans lequel il faut se garder de tomber. La mère nous a laissées en précisant : « Restez avec nous, j'ai préparé de la popote exprès pour vous. » Elle nous a apporté des biscuits, du thé, des chocolats à intervalles réguliers, histoire de nous soutenir jusqu'à l'heure du souper. La cuisine est un lieu très investi chez les campagnards. Elle représente l'endroit tout indiqué pour papoter pendant que les plats mijotent. Expliquer que vous ne mangez pas entre les repas, que vous avez un travail à accomplir au cours de cette visite ou que vous avez mangé juste avant d'arriver serait une attitude perçue comme rigide, et un refus serait reçu comme le non-désir d'entrer en relation. Voilà ce qui différencie, entre autres, le contexte du bureau privé du suivi à domicile. Ma patiente a survécu six mois au pronostic de son médecin traitant. Elle a vécu cette période de sursis dans un mutisme total, en s'isolant autant des soignants que des proches. Elle a souffert d'un cancer qu'elle n'avait pas et d'un sida qu'il lui fallait taire, pour les siens et pour son identité de femme, de mère... Dans plusieurs cas, c'est le diagnostic qui devient fatal, le mot *sida* qui tue, pas la maladie ! Dans un texte présenté pour publication sur la relation soignant-soigné en phase terminale[1], j'ai mentionné l'importance attachée aux aliments, aux vivres, qui symbolisent une sorte de retour à la table familiale à laquelle se substitue le lit du mourant. S'empiffrer de

1. « La relation soignant-soigné en phase terminale : enjeux et impact psychologique ». Revue *Santé mentale au Québec*. (Voir aussi le chapitre 3 du présent ouvrage.)

bonne chair pour réparer celle qui est dévorée chez l'être aimé, manger pour se nourrir d'une relation intime, avaler pour retenir en soi les souvenirs d'enfance que la mort menace d'emporter. Manger pour ne pas mourir à son tour, pour demeurer vivant, pour dire merci à l'accompagné ou pour lui dire :

> « J'ai peur... du manque, alors je m'approvisionne, j'entrepose, je cumule dans mon coffre intérieur, je dévore avant d'être à mon tour dévoré. »

Permettez-moi, avant de poursuivre sur le suivi à domicile, de vous raconter un cas vécu dans notre unité qui illustre bien le rôle joué par la nourriture quand la mort se fait menaçante. Il s'agit d'une mère égyptienne qui passe ses journées au chevet de son fils de quarante-deux ans gravement atteint d'un cancer intestinal. Elle ne sait pas qu'il souffre d'un cancer, encore moins qu'il est en phase terminale. Le fils a subi, deux ans auparavant, une colostomie, sans qu'elle en soit informée. Cette mère sait que son fils a surmonté avec succès une intervention chirurgicale importante et s'attend à ce que cette nouvelle hospitalisation serve à des tests ou à des traitements assurés d'un succès analogue. Le Dr Mount, pour qui la vérité sur la maladie mortelle favorise la guérison spirituelle, me propose de me joindre à lui, dans un premier temps pour explorer l'information de cette dame sur la gravité de l'état de son fils et, dans un deuxième temps, pour lui assurer mon soutien à l'heure de la vérité. Accompagné d'une jeune médecin stagiaire, le Dr Mount arrive au chevet du malade, s'adresse à lui en anglais et lui demande la permission d'informer sa mère de son état. Profondément déprimé, paralysé par la peur de tuer sa mère en lui lançant le diagnostic fatal, le patient se met à pleurer, incapable de répondre oui ou non à la demande de son médecin convaincu de la nécessité d'une telle mise au point, dont le principal objectif est de préparer cette mère à la perte imminente de son enfant. Assise à mes côtés, la dame n'a pas saisi la conversation qui s'est déroulée en anglais et elle en attend patiemment la traduction. Le Dr Mount, avec une infinie bonté que les mots sont impuissants à décrire, tient la main du patient dans la sienne et pose son franc regard dans les yeux de la dame âgée. Il explique en français, avec tact et amour, la situation réelle de son patient. La mère ne réagit pas, c'est-à-dire en mots. Des gouttelettes de sueur perlent sur son front. Puis elle se lève, se dirige vers ses effets personnels et retire une belle boîte rouge du fond d'un sac à poignées. Le fils a cessé de pleurer et dit, en esquissant un sourire : « Elle va vous offrir ses meilleurs chocolats. » La vieille dame ouvre ensuite une canette de boisson gazeuze et la répartit en cinq verres. Frappant son verre sur chacun des nôtres, elle dit : « Dieu va le guérir ; nous avons un Dieu qui va le guérir. » C'est alors que le Dr Mount nous fit part de sa vision d'une guérison spirituelle transcendant la guérison physique. Je vous ai raconté cette histoire, entre autres, pour que vous tentiez d'imaginer ce que notre refus de ces chocolats et de ce verre aurait eu comme impact. Dans ce cas précis, la nourriture a apaisé la peur du fils et servi de substitut à une communication qui n'avait jamais existé dans le rapport familial ; le partage de la nourriture a symbolisé le partage d'une nouvelle trop difficile à avaler. Voilà un moment que je n'oublierai jamais et qui m'a laissé une ouverture illimitée au recours à la métaphore pour dire l'inexplicable.

Revenons maintenant au suivi à domicile. Il a le grand avantage de maintenir le patient dans un environnement familier, sécuritaire et organisé en fonction de ses habitudes de vie. Dormir dans son lit n'a rien de comparable avec dormir dans une chambre d'hôpital. Ce que le domicile offre avant tout, et que l'hôpital viole constamment, c'est l'intimité. Une porte de chambre d'hôpital fermée n'arrête à peu près personne. Ce n'est pas une porte close, c'est une porte battante. Quant à moi, je respecte scrupuleusement ces indices qui m'apparaissent clairs comme du franc-parler.

A la maison, les gens se livrent plus aisément à des manifestations de tendresse ; à l'hôpital, la décence et le décorum sont de puissants inhibiteurs. La difficulté majeure pour ce qui a trait aux soins du mourant à domicile s'inscrit dans l'épuisement et dans la solitude du soignant naturel (le proche du malade) et, à la limite, du soignant professionnel qui a peu de relève ou qui ne peut faire part de ses inquiétudes à l'équipe. Le domicile est, à mon avis, un lieu propice pour le malade, mais un lieu qui menace la santé des proches. Ceux-ci ont tendance à s'organiser seuls. Ils n'osent pas demander une aide extérieure ou, encore, ne savent ni où ni comment faire connaître leurs besoins. Prenons l'exemple des services d'un psychologue. Peut-on y recourir à domicile ? A qui faut-il s'adresser ? De plus, nombreux sont ceux qui ne peuvent payer ces services coûteux. Cela m'amène à vous parler d'une autre grande difficulté à laquelle je me heurte quand j'assure un suivi à domicile dans le contexte de ma pratique privée. Il s'agit du malaise que j'éprouve quand je me fais payer par un malade qui ne touche plus son salaire et qui me remet un billet qu'il retire avec difficulté du tiroir de sa table de nuit. Je compose très mal avec de telles sanctions. J'ai déjà confié à l'un de mes patients, avec maladresse d'ailleurs, l'inconfort qui m'envahissait dans ces moments. Plus à l'aise que moi, ce patient m'a répondu que cela faisait partie du

« mourir dans la dignité ». Il m'est pénible d'être rémunérée par un mourant ; je préfère l'être par les directeurs administratifs de notre hôpital ou par le ministère de la Santé. Ce problème, qui m'est particulier, a sûrement beaucoup à voir avec ma dette de survie, à laquelle je fais allusion ailleurs dans cet ouvrage.

Lise ■ Qu'est-ce qu'un mourant désire le plus ?

Johanne ■ Notre écoute. Mais pas n'importe quelle écoute. L'écoute de ses besoins, de ses peurs, du non-dit, de l'inconscient. Il désire notre présence silencieuse, une présente qui symbolise la sécurité, l'accompagnement, la vie, la continuité. Pour le reste, les mourants n'expriment à peu près pas leurs désirs. Ils parlent davantage de leurs regrets, de leurs déceptions, pas beaucoup de ce qu'ils ressentent face à ce qui se passe. Le mot *mort* est rarement utilisé et le processus du mourir n'est pas clairement reconnu comme étant une étape importante. Je constate que plusieurs malades démontrent une forme de désengagement, de désinvestissement, de détachement. Serait-il autrement possible de mourir ? Que sais-je, sinon que les patients atteints d'un cancer sont pour la plupart désabusés, épuisés d'une fin qui n'en finit pas, las de mourir à petit feu. Chimiothérapie, radiothérapie, hospitalisations répétées, douleurs multiples tissent la trame de leurs dernières années, des trois, cinq ou dix dernières années de leur vie. Ni vivre ni mourir ne semble être la solution, dans une situation que la plupart des malades décrivent comme affreuse, laissant peu de place au souvenir des bons moments, et le sentiment d'avoir échoué, raté leurs plus belles années de vie. Ils supportent leur malheur avec stoïcisme et n'éprouvent pas beaucoup le désir d'en parler. Cette communication est plutôt un vœu du soignant. Je crois d'ailleurs que les malades atteints de cancer nous en apprennent généralement beaucoup plus que la maladie ne leur en apprend à eux-mêmes.

De leur côté, les patients atteints du sida nous font part de réactions plus variées, plus contrastées. Certains sidéens prennent carrément leur maladie en charge ; ils se documentent autant que les scientifiques sur leur maladie, ils modifient radicalement leurs habitudes de vie, recourent à des traitements traditionnels parallèlement à des traitements alternatifs, se regroupent entre eux pour mieux explorer des stratégies d'adaptation, se soumettent aux nombreux protocoles de recherche visant à trouver le traitement de leur maladie. Au lieu de se détacher, ils établissent souvent pour la première fois de leur vie des relations engagées et sincères et traversent des étapes, des états extrêmement variés, contradictoires et imprévisibles, contrairement à d'autres mourants que la maladie installe dans une évolution lente, progressive et prévisible. Souvent, le patient atteint d'un cancer signifiera à son médecin qu'il peut informer son entourage sur l'évolution de son état, ajoutant que cela ne l'intéresse pas forcément de connaître toute la vérité. Le patient atteint du sida, lui, suivra de près le bilan de son déclin immunitaire et priera le médecin de n'informer personne de son état. Il se charge lui-même de le faire, comme s'il s'agissait non pas d'un constat, mais d'un aveu : « J'ai le sida, je suis toxicomane, ou homosexuel, ou j'ai couché avec l'un d'eux. » Le sida est ressenti comme une sentence de mort, une guillotine intérieure ; le cancer, pour sa part, est vécu comme une tentative de survie, comme une menace de mort à plus ou moins long terme ou comme une épreuve à laquelle plusieurs sont confrontés. L'un n'est pas moins douloureux que l'autre ; ils se vivent différemment. Ce que j'ai dit de la personne atteinte du sida peut cependant être observé chez des individus atteints d'un cancer. Somme toute, ce que désire le plus un mourant, c'est notre accueil de ce qu'il est, de ce qu'il a, de ce qu'il souhaite et, surtout, de son rythme d'apprentissage et de détérioration.

Marie ■ Il me semble que ce que désire tout humain, c'est rejoindre son être. Pour celui qui se sent près de mourir, cela peut devenir la tâche essentielle. S'il y a une part de solitude et de secret dans ce chemin, le parcourir en se sentant soutenu par l'amour, la tendresse, l'âme des autres, fait du mourir une grande et puissante expérience.

Lise ■ Quels rapports entretenez-vous avec la famille ?

Johanne ■ La famille d'un mourant tient une place et un rôle très importants dans notre unité. Plusieurs dorment sur les lieux, s'aménageant un coin au chevet de l'être aimé. Je pense qu'une famille n'est plus tout à fait la même à la fin d'un séjour chez nous. Elle a vécu l'état de deuil anticipé, ce qui, dans plusieurs cas, prévient les deuils prolongés et difficilement surmontables. Autant le mourant évite de parler de sa mort imminente, autant les membres de la famille ne peuvent vaquer à leurs occupations habituelles sans éprouver le désir constant d'en parler. Ils parviennent difficilement à concilier le train-train de la vie ordinaire avec l'expérience d'un vécu quotidien voué aux soins palliatifs. Les familles échangent entre elles sur l'accompagnement des leurs ; la communication s'établit d'une chambre à l'autre dans un mouvement naturel de solidarité. Le sentiment de ne pas être seul à traverser une étape aussi éprouvante assure une force collective et une sympathie mutuelle face aux pertes.

J'offre pour ma part un soutien psychologique aux membres de la famille éprouvée. Ou bien ils se présentent naturellement à mon bureau, qui est clairement identifié, ou bien, le plus souvent, c'est moi qui me présente à eux en vue de faire connaître et d'offrir mes services. La ventilation de leurs émotions, le souci face à leurs réactions et leur questionnement sur la qualité de leur accompagnement sont au centre de leurs préoccupations. Les proches pleurent beaucoup. Ils souffrent longtemps d'avance de l'absence de celui ou de celle qui a marqué leur vie. Ils souffrent du lourd sentiment de culpabilité de ne pas avoir été parfaits. Ils ont peur d'être incapables de réorganiser leur vie en l'absence de l'être cher. Ils ont peur de ne pas pouvoir survivre à la mort de l'autre. Ils sont plongés dans un état de deuil anticipé, dans une angoisse provoquée par l'imminence de la mort. Ils ont un besoin insatiable de nous confier leur chagrin, d'être écoutés. Ils ont besoin d'être confirmés, d'être reconnus dans la dure épreuve de la perte. Ils ont besoin d'être consolés. Nous leur assurons d'ailleurs un service de suivi de deuil tout au long de l'année qui suit la perte. Car la mort de l'être cher ne signifie en rien la mort de leur chagrin ; au contraire, il s'agit pour eux du commencement ou de recommencement d'une longue épreuve. C'est un moment où plusieurs familles sont abandonnées. On les imagine à tort soulagées alors de toutes les douleurs qui ont précédé la perte. Or, il s'agit de douleurs constamment réactivées. Notre tâche consiste à guider l'endeuillé dans la réorganisation de sa vie, à l'assurer qu'il est possible de guérir d'un mal aussi pénible dans un temps qui varie d'une personne à l'autre, mais qu'on a évalué à une durée d'un an en moyenne. Nous poursuivons notre accompagnement de la famille tout au long de cette année, soit par des rencontres à l'unité, soit par des conversations téléphoniques. Les deuils pathologiques (où l'endeuillé se laisse mourir en raison du départ de l'autre) sont évalués et suivis par le Dr Voyer, psychiatre rattaché à notre unité. Les suicides sont un risque à surveiller, l'isolement aussi. C'est un moment crucial où l'apport de la psychologie s'avère fort précieux. Les thérapies de deuil préviennent les dommages psychologiques à long terme. Les familles y sont de plus en plus sensibilisées et viennent de plus en plus facilement vers nous. L'accompagnement des mourants serait incomplet sans notre attention à l'égard de leur entourage.

Accompagner le mourir, c'est également accompagner les proches qui y survivent.

Marie ■ J'ajouterai simplement ceci : en tant que psychologue, je reçois de la part des malades des confidences qui concernent l'un ou l'autre des membres de leur famille. Bien que je les encourage à les exprimer directement à la personne concernée, cela n'est pas toujours possible. Il m'arrive donc de servir de médiatrice après le décès, de restituer aux membres de la famille des paroles qui pourront les aider dans leur deuil. C'est ainsi, par exemple, que j'ai pu rapporter à un jeune garçon de douze ans les propos que sa mère m'avait tenus un mois avant sa mort, propos empreints d'amour et de confiance, du désir de protéger son enfant par-delà la mort. Elle n'avait pas pu les lui dire elle-même. De telles paroles sont d'une valeur inestimable pour ceux qui sont en deuil.

Lise ■ Tout au long de notre conversation, vous avez très peu abordé les embûches, les expériences pénibles vécues dans votre travail d'accompagnement. Pouvez-vous nommer et commenter celles qui vous apparaissent les plus importantes ?

Johanne ■ C'est la mort qui est, à mon avis, la principale embûche, l'expérience la plus douloureuse, la plus pénible. Je tente de la surmonter à ma manière. Le fait de la côtoyer régulièrement, après lui avoir échappé de justesse et l'avoir analysée à plus d'une reprise, est une façon de faire face à ma mort, qui reviendra sans doute cette fois sans que je puisse la mettre en déroute. C'est peut-être parce que j'ai peur de la mort que je tente de l'apprivoiser dans ma vie quotidienne. Elle m'attriste de plus en plus, mais, j'insiste là-dessus, sans jamais éteindre ma joie. Le travail d'accompagnement lui-même est difficile ; il me gratifie en silence, en sourdine, dans la solitude. Je dois inscrire les compensations liées à ce travail dans la redéfinition de mon art de vivre et d'aimer. Mon plus grand effort ne se situe pas dans l'accomplissement de ce travail bien particulier et de tout ce qu'il implique ; c'est plutôt d'en sortir qui m'est difficile. D'être aussi profondément captivée par d'autres dimensions. D'apprécier autant le plaisir, l'humour, la légèreté. De ne pas faire de l'accompagnement mon seul centre de gravitation.

La plus grande embûche, ou le plus grand défi, est à mon avis le retour constant à la vie ordinaire. Non pas que celle-ci soit insignifiante. La vie m'émerveille, mais elle ne me projette pas dans des espaces aussi riches d'apprentissage ni aussi émouvants que le sujet de la mort ou la mort d'un sujet peuvent le faire[1]. Je ne me demande pas tant combien d'années il me reste à vivre que pendant combien de temps je pourrai accomplir sereinement mon travail d'accompagnante. Parce que c'est ardu, très ardu. Les sentiments d'impuissance et d'inefficacité, l'inconnu, l'imprévisible, l'absence de réponses, la souffrance, c'est-à-dire le fait

1. Johanne de Montigny, « Le sujet de la mort ou la mort des sujets », article publié dans la *Revue québécoise de psychologie*, vol. 9, nᵒ 3, 1988, pp. 152-157.

d'être quotidiennement témoin de la souffrance, du chagrin, de la maladie, de la mort, des deuils répétés, habitent, envahissent mon quotidien. Le plus difficile, c'est de me convaincre qu'il s'agit là de patients exceptionnels, de familles exceptionnelles ; que la joie, le bonheur, la santé existent dans d'autres foyers, dans d'autres univers. De me convaincre que mes amis et mes proches ne vont pas nécessairement mourir de ces longues et pénibles maladies, que j'aurai moi aussi la capacité de mourir quand mon heure sonnera, dans des circonstances qui me seront propres et qui ne refléteront pas nécessairement celles que j'aurai connues. Je sais que j'en aurai la force, ce qui ne m'empêche pas de continuer d'avoir peur, de douter. Disons que ce métier est formidable, autant dans le sens archaïque d'« épouvantable » que dans le sens de « merveilleux ». L'enjeu consiste à vivre intensément aux côtés d'une mort omniprésente qui finit par nous donner le sentiment que le mourir est une étape tout à fait naturelle et que la vie est un privilège exceptionnel.

Marie ■ Je crois que nous n'avons pas cessé d'en parler, chaque fois que nous avons évoqué notre sentiment d'impuissance, la difficulté d'accepter la mort d'une personne jeune, le paradoxe permanent dans lequel nous nous trouvons. Il y a beaucoup de violence et d'angoisse à éponger et le plus difficile est sans doute d'accepter que cette violence s'évacue dans les problèmes d'équipe, qui servent alors de catalyseurs.

Lise ■ Le contact intime avec la souffrance physique et psychique de plusieurs personnes vous a sans doute obligées à réfléchir à l'épineuse question de l'euthanasie. Où en êtes-vous actuellement sur ce sujet ?

Marie ■ Les patients expriment souvent le désir

98

d'en finir, leur lassitude, leur sentiment d'inutilité : « Pourquoi ne pas en finir tout de suite ? » Ils testent alors notre réaction. Va-t-on les confirmer dans leur sentiment de non-valeur ou, au contraire, entendre la demande profonde de confirmation affective et narcissique qu'une telle question recouvre ? Lorsqu'il est possible de rompre la solitude du mourant, de s'engager dans la relation qu'il nous propose en fait à travers cette question, celle-ci s'efface généralement d'elle-même. Il arrive cependant qu'elle persiste. Cela s'est produit quatre fois en trois ans dans notre unité. Les quatre personnes qui ont maintenu leur demande d'euthanasie étaient d'un niveau socio-culturel élevé, habituées à maîtriser, à contrôler les choses, et prisonnières en quelque sorte d'une *persona*, c'est-à-dire d'un masque social, d'un idéal du moi particulièrement exigeant. Cette constatation m'amène à me poser la question suivante : quand un malade demande l'euthanasie parce qu'il n'a plus le sentiment que sa dignité est respectée, où se situe cette dignité ? Dans sa *persona*, c'est-à-dire dans l'image qu'il donne aux autres, ou dans son être essentiel, dans son intériorité, dans son soi ? Qui demande l'euthanasie alors ? Il semble bien que ce ne soit pas la personne dans son essence, mais la personne identifiée à son rôle. D'où l'importance que prend alors le regard, l'attitude d'autrui. L'expérience m'a montré que chaque fois qu'il m'a été possible de confirmer quelqu'un dans son essence, par mon regard, par la qualité du contact établi, cette personne a retrouvé le sentiment de sa dignité.

Sans doute notre rôle de psychologue est-il d'aider les proches à changer leur regard, à voir au-delà de l'image, du masque. La famille souffre parfois plus que le patient lui-même de la dégradation physique de celui-ci, et la demande d'euthanasie renvoie à la souffrance de sentir qu'on ne correspond plus à l'image que les autres ont de vous. Je me souviens de la mère d'une jeune femme de trente ans transférée à l'unité pour une tumeur cérébrale au stade terminal. Cette mère disait ne plus reconnaître sa fille, la traitait de « légume » et, lors de ses rares visites, s'asseyait à son chevet en lui tournant le dos. La jeune femme était parfaitement consciente de son état. Ne m'avait-elle pas accueillie en me disant : « Vous avez devant vous un bien triste spectacle ! » C'est vrai qu'elle avait le crâne chauve, le visage tuméfié, et qu'elle était presque paralysée, mais son regard avait gardé une beauté et une intensité telles qu'il suffisait de le rencontrer pour oublier le reste. Elle était tout entière dans son regard ! Il a fallu plusieurs semaines pour que, au contact des soignants, la mère fasse progressivement le deuil d'une certaine image de sa fille et accepte de la rencontrer telle qu'elle était devenue, physiquement dégradée, il est vrai, mais affectivement intacte.

L'autre dimension de la demande d'euthanasie est, semble-t-il, le besoin de maîtriser les choses. Peut-être est-ce là la dernière manifestation de liberté du patient. Voici une situation vécue à l'unité qui nous force à réfléchir. Redoutant de mourir étouffée, une jeune infirmière en phase terminale exigea qu'un cocktail lythique soit mis à sa disposition dans sa chambre. Le cocktail y fut déposé, mais elle n'en usa pas et mourut assise dans son fauteuil, à son heure. Le fait d'avoir été entendue dans son désir de vivre jusqu'au bout sa liberté avait suffi à la rassurer.

Néanmoins, la question de l'euthanasie demeure grave et complexe. Notre rôle de psychologue devrait être de veiller à ce que cette question ne se banalise jamais. Il ne nous appartient pas de juger s'il convient ou non de pratiquer l'euthanasie à la demande d'un patient, mais nous devons aider l'équipe à repérer qui demande quoi. Nous pouvons aider l'équipe à garder une écoute neuve face à chaque demande et à ne pas s'enfermer dans des positions dogmatiques et rigides (que ce soit pour ou contre).

Johanne ■ Pour ma part, j'en suis à la réflexion. Au dernier colloque annuel des psychologues, j'ai accepté l'invitation qu'on m'a faite à risquer une pensée articulée sur l'euthanasie. D'abord parce que j'ai une tendance naturelle à dire oui aux défis, qui, d'une manière ou d'une autre (autant par l'échec que par le succès), me font avancer. Aussi à cause de l'importance que revêt cette question dans mon travail d'accompagnante. Cette proposition était d'autant plus pertinente que l'euthanasie devient une requête plus souvent exprimée, moins tabou qu'à l'époque de ma formation. Selon mon expérience, c'est surtout la famille d'un grand malade qui nous en parle. Les patients atteints d'un cancer ne sont pas portés à le faire ouvertement. Je tiens à le préciser, car la demande est plus fréquente chez les patients atteints du sida ; mais j'y reviendrai plus loin. J'ai observé, mais pas de façon rigoureuse ni contrôlée, l'expression de cette demande par les proches dans les dernières soixante-douze heures d'accompagnement. Généralement, le patient sous le coup de la nouvelle d'un diagnostic fatal se met subitement à penser au suicide et à l'euthanasie. Mais plus sa maladie progresse, moins il y songe. Or, il arrive une sorte de point limite où la personne la plus proche de lui se sent incapable de poursuivre ce que certains qualifient de torture, d'holocauste, de démarche ridicule ou de sadomasochisme pur (les sadiques étant les soignants, les masochistes les soignés). Le mourant a-t-il à ce stade l'intuition de la fin proche (bien que pas forcément perceptible) mêlée à la peur d'être saisi par la mort ? Dans ce sens, l'euthanasie lui donnerait le sentiment de saisir lui-même la mort par-devant pour éviter qu'elle ne le surprenne par-derrière, à la limite, pour ne pas qu'elle le tue.

Au fond, même si je connais bien la sensation de mourir, je ne sais pas ce que c'est que d'accompagner l'être aimé dans sa phase terminale. Je n'ai vu ni père, ni mère, ni membre de ma fratrie, ni partenaire amoureux souffrir et mourir d'un cancer. Malgré cela, parce que j'ai vécu la douleur et l'agonie dans ma propre chair, je crois pouvoir dire que la souffrance est interprétée par ceux et celles qui accompagnent un malade. Les douleurs physiques, aussi atroces soient-elles, laissent à mon avis moins de séquelles que les blessures psychiques. J'admets, par ailleurs, que la demande d'euthanasie vise à mettre un terme à ces deux types de douleurs. Mais autant on doit toujours se demander, au cours de nos accompagnements : « Du désir de qui s'agit-il ? » autant il faut se demander : « De la souffrance de qui me parlez-vous ? » Dans bien des cas, il s'agit du doute face à notre capacité de tolérer et d'accompagner la douleur de l'autre. Comment vous dire ? Si, par exemple, on m'avait informée — tout juste avant de prendre l'avion ce soir de mars 1979 — que l'appareil allait exploser en vol, qu'un homme allait mourir à mes côtés, que dix-sept passagers succomberaient à l'impact, que je resterais au sol brisée de multiples fractures mais que, quelques années plus tard, j'en sortirais saine et sauve et même renforcée, voire plus heureuse, je ne l'aurais pas cru. C'est-à-dire que je n'aurais pas cru en ma capacité de survivre à un tel trauma et j'aurais bien entendu évité le vol, simplement parce qu'on n'a pas la force de traverser les horreurs élaborées par la pensée. On a seulement la force de vivre ce qui nous arrive, au fil des événements. On ne peut pas vivre les choses d'avance, on ne peut que les imaginer. Alors, la pensée nous renvoie au pire pour amortir la dure réalité. Les familles qui accompagnent imaginent les scénarios les pires (comme mourir étouffé ou dans des souffrances non soulagées) pour être en mesure de faire face à ce qui s'en vient, pour rester jusqu'au bout. Que pourrait-il encore arriver que l'imagination n'a pu concevoir ?

Au colloque dont j'ai fait mention plus haut, chaque conférencier (un médecin rattaché à notre unité, un philosophe profondément intéressé par les études sur la mort, un juriste de Québec et moi-même) avait dix minutes pour alimenter le débat sur cette épineuse question. Je suis encore ébranlée par la communication chaudement applaudie du Dr Boisvert. En fait, ce « Dr Wilbie » de notre unité, celui qui mieux que quiconque sait soulager la douleur, nous a fait part de sa somme d'expériences comportant plus de deux mille décès constatés au cours de sa carrière. Il a projeté sur écran les images de corps mutilés, détériorés par le cancer. Loin de rechercher le sensationnalisme, il a voulu démontrer l'empreinte d'une maladie fatale, non pas uniquement avec des mots, mais au moyen d'images puissantes et symboliques capables d'authentifier la dure réalité. Réalité que plusieurs soignants, dont je fais peut-être partie, tentent non pas de nier, mais d'atténuer, de compenser par les mérites, les bénéfices de l'accompagnement. Tout au long de cet exposé, je me répétais : « Quelle pression pour les médecins que de recevoir directement les demandes d'euthanasie, de porter seuls cette responsabilité, d'être la cible des familles, des patients, des médias, des confrères ! »

Je me suis référée à divers textes sur le sujet traités

dans la revue *Frontières*[1], et y fus particulièrement interpellée par l'idée que la demande d'euthanasie est au fond une demande de relation, une sorte de contrat de non-abandon. Tout comme le cri lancé par le suicidaire. C'est un appel à la confiance, pour reprendre un thème traité ailleurs dans cet ouvrage. *Frontières* présente aussi le texte d'une femme qui a accompagné son jeune mari durant quarante-six jours dans notre unité. Tout au long de son texte, cette femme vante les lieux et le personnel rattaché aux soins palliatifs. Elle exprime toutefois clairement que sa demande d'euthanasie, entérinée par son mari, n'a été reconnue par aucun membre de notre personnel soignant. Une demande qu'elle a perçue comme complètement évacuée par nous tous. J'admets que ce désir m'interpelle ; dans ce cas, j'avais cru, à tort, l'avoir reçu, analysé, respecté même ; mais l'ai-je aussi évacué, m'empressant de fabriquer un sens à la survivance, quelle qu'elle soit ? J'espère que non et j'ai peur que oui.

A ce colloque, le Dr Boisvert n'a eu peur ni des mots ni des images. Il a attiré l'attention des soignants sur le troc de l'acharnement thérapeutique contre l'acharnement moral, c'est-à-dire la volonté de donner à tout prix un sens à l'épreuve, de la justifier, de l'imposer au lieu de contester cette trajectoire de la phase terminale.

Je sais pour ma part que je ne contribue pas à l'acharnement moral. Il m'arrive très souvent de penser et de dire que la souffrance est absurde, ainsi que la mort. Il m'arrive de m'exclamer : « Mais cela n'a carrément pas de sens ! » J'exprime ce genre de pensée aux membres de l'équipe soignante, mais, la plupart du temps, je la tais auprès des proches et des

1. « Euthanasie », article paru dans la revue *Frontières*, vol. 3, n° 1, Université du Québec à Montréal, Montréal, 1990.

malades eux-mêmes. Certainement pas par manque d'authenticité, mais pour ne pas imposer ma pensée à l'entourage du malade, pour ne pas empêcher la leur d'émerger en suggérant la mienne. Nous accompagnons aussi le malade dans le sens qu'il donne à la mort ; nous n'avons pas à lui en fabriquer un. Reste à savoir si nous entendons bien le désir des proches et des malades, en ce sens qu'un désir demande à être entendu mais pas forcément à être satisfait.

J'avais promis de revenir sur le sida. J'écoute et j'accompagne des personnes qui en sont atteintes depuis 1986. Ma pratique privée est essentiellement composée d'hommes (mais aussi de quelques femmes) qui sont menacés d'en mourir. Contrairement aux personnes atteintes du cancer, les sidéens sont rejetés, abandonnés, ridiculisés, jugés, mal soignés. Pas tous, bien sûr. Une poignée de jeunes soignants y consacrent leur carrière. Ils sont si peu nombreux, et donc tellement sollicités, que plusieurs d'entre eux, particulièrement de jeunes médecins, souffrent d'épuisement. Quand un jeune homme de vingt-cinq ans ou une femme de trente-deux ans sortent du bureau d'un médecin qui a eu l'odieuse tâche de leur annoncer la présence dans leur sang de ce virus mortel, les idées de suicide et d'euthanasie occupent pleinement leur esprit, au point que rien d'autre ne peut y circuler. Cet état d'anesthésie psychique paralyse toute forme d'espoir de guérison. C'est comme si la mort psychique précédait de loin la mort physique. Aujourd'hui, le cancer laisse place à l'espoir d'y survivre un nombre d'années assez important. Le sida, pour sa part, évoque rapidement la phase terminale. Chercheurs et statisticiens sont unanimes pour affirmer que l'espérance de vie d'un sidéen se situe entre deux et cinq ans. J'aimerais ici vous faire part d'une observation qui m'apparaît fort importante. Lorsque le sida est apparu, au début des années quatre-vingt, les recherches faisaient état d'une moyenne de dix-huit mois de survie pour les sidéens. On décrivait le sida comme étant une maladie fatale. Depuis 1988, grâce sans doute à certains traitements et au recul des peurs, on a élargi l'espace de survie et modifié la terminologie ; les médecins parlent dorénavant de maladie chronique. Je crois que les mots jouent un rôle important chez la personne atteinte, lequel se manifeste soit dans le désinvestissement subi au moment même où celle-ci entend la nouvelle ou, au contraire, dans sa détermination à relever le mieux possible pareil défi. Quand une personne se présente à mon bureau peu de temps après l'annonce de ce dur pronostic, j'explore d'abord ce que signifie intérieurement pour elle vivre avec la présence du sida. Voici le type de réponses spontanées que je reçois : « Je vais me tuer avant d'en crever » ; « Je vais me trouver un médecin d'accord avec l'euthanasie » ; « Je pense sérieusement au suicide » ; « J'ai déjà perdu trop d'amis, je ne laisserai jamais progresser en moi une telle horreur ». D'autres réactions me sont également exprimées : « Je serai le premier survivant de cette maladie » ; « Le sida n'est pas la pire épreuve de ma vie, attendez que je vous raconte » ; « C'est un cadeau, je n'aurai pas à me suicider, le virus vient régler un vieux projet » ; ou encore « Le sida m'autorise maintenant à vivre ». Puis ce sont les croyances et l'attitude du médecin, de celui qui a communiqué la nouvelle, qui vont le plus influencer les croyances et l'attitude du sidéen. Le brin d'espoir que la parole médicale aura laisser échapper, aussi mince soit-il, sera récupéré au compte-gouttes, au compte à rebours. Mais, dans la plupart des cas, le patient n'aura entendu qu'une seule phrase : « Votre cas est sans espoir ». Cela explique, selon moi, les désirs de suicide et les demandes d'euthanasie. Dans les cas dont j'ai été témoin, ces demandes et ces désirs n'ont pas été actualisés ; mes patients sont morts du sida. Je connaissais la force de l'être humain, mais celle du sidéen dépasse tout ce que j'avais pu imaginer. Il est le pionnier d'une remise en question collective, d'une redéfinition de nos rapports à l'amour et à la tendresse.

Lise ■ Selon vous, quelle place occupe la spiritualité dans la manière dont une personne fait face à sa mort ? La croyance en un au-delà favorise-t-elle une vision plus sereine de sa fin prochaine ?

Marie ■ La dimension spirituelle intègre toutes les autres dimensions : physique, psychique et affective. A partir du moment où une personne ne se sent pas réduite à son être biologique, où elle sent, où elle vit sa dimension ontologique, elle vit une forme de spiritualité. Et je dis bien « une forme », parce qu'il y en a presque autant qu'il y a de personnes ; chacun a sa spiritualité. On confond souvent spiritualité et religion. Le contact avec les mourants nous confirme qu'on peut vivre une spiritualité sans pour autant adhérer à une croyance, à une religion et à ses dogmes. Je me rappelle une femme qui nous a dit avant de mourir : « Les religions m'ont trompée ; j'ai trouvé toute seule Dieu dans la beauté. Tout est dans la beauté ! » Cette femme est morte dans une grande sérénité. Le contact avec les personnes qui vont mourir nous apprend aussi que ce ne sont pas les croyances qui aident à mourir. Les croyants sont parfois très angoissés. Les incroyants peuvent être, au contraire, très sereins. Il me semble que la foi n'est pas la croyance ; elle se vit, elle est de l'ordre du « Je sens » et non pas du « Je crois ». Cette foi que j'évoque, c'est le travail, l'approfondissement de toute une vie, à travers les pertes, les épreuves, les joies. Elle est de l'ordre de l'expérience de l'essentiel. Et cet essentiel est le secret et le mystère de chacun. C'est pourquoi je me méfie des discours religieux ou des explications spiritualistes dont certains usent dans l'accompagnement des mourants. Les discours n'ont jamais aidé personne ; si l'on peut parler d'assistance spirituelle, celle-ci se fait alors presque à notre insu, par la qualité de notre présence silencieuse, de notre prière, par la force de notre confiance, par notre capacité affective de confirmer l'autre dans sa valeur d'humain. Et c'est si important avant de mourir de se sentir aimé, de sentir le contact d'un autre humain ! Dans cette rencontre d'âme à âme qui est le secret d'un vrai contact, il y a quelque chose de libérant. Sans doute, la croyance à l'au-delà facilite-t-elle le mourir, mais il ne faut pas oublier qu'en approchant de la mort l'être humain, bien que lucide, n'y croit pas vraiment. On assiste à ce que Freud décrit comme le cheminement de deux pensées parallèles mais contradictoires. « Mourir existe, la mort n'existe pas », disait le poète Max-Pol Fouchet. C'est que, pour notre inconscient, la mort n'est pas représentable et, au fond de chaque humain, repose une croyance inconsciente en l'immortalité[1]. Croyance ou savoir inconscient ? Il semble bien que le sentiment d'une continuité psychique soit finalement ce qui aide à mourir, indépendamment de toute croyance religieuse. « Je suis curieux de la suite », me disait une personne athée.

1. « Notre propre mort est en fait inimaginable et, si nous essayons de nous la représenter, nous pouvons nous rendre compte que nous survivons comme spectateur. Il en résulte qu'au fond, personne ne croit à sa propre mort, ou ce qui revient au même : chacun dans son inconscient est conscient de sa propre immortalité. » Sigmund Freud, « Considérations actuelles sur la guerre et la mort », in *Essais de psychanalyse*.

C'est l'ouverture sur le mystère qu'il nous faut préserver. Lorsqu'ils sentent que nous n'allons pas leur imposer des représentations toutes faites ou leur tenir des discours, les patients se laissent volontiers aller à « mythologiser », à rêver l'au-delà. C'est alors qu'ils évoquent ceux qui les ont précédés dans la mort et qu'ils espèrent retrouver. Ils se préparent ainsi un espace d'accueil sur l'autre rive et le passage leur paraît alors moins angoissant.

Johanne ■ Le mot *religion* tient une place importante à l'unité. Les aspects multiconfessionnels et multiculturels y sont impressionnants quant à leur nombre, leur variété, leur spécificité. Il n'est pas rare de voir alités une Coréenne, un Italien ou des patients d'autres ethnies qui ne peuvent s'exprimer que dans leur langue maternelle. Pour la description de leur situation, nous avons recours à des interprètes mais, pour ce qui est de l'essentiel, nous vivons les choses en silence. Les us et coutumes de chacun sont reconnus et respectés par l'équipe soignante. Souvent, ces malades reçoivent la visite de leur ministre du culte, bien que notre équipe de pastorale compte des hommes et des femmes représentant plusieurs religions. La spiritualité fait plutôt référence à un état qu'à une appartenance. Cet état (de quiétude, de paix, de sagesse, de sérénité) est une grâce qui s'installe à différents moments de la vie, pour certains dès le commencement et pour d'autres tout juste avant de mourir.

Je crois que la spiritualité s'inscrit dans une joie profonde, dans la célébration de la vie. Cette sensation, à la fois diffuse et précise, intérieure et extérieure, a une allure d'« espace océanique »[1] ou de ciel infini. Pour ceux et celles qui connaissent un tel état, on a

1. Expression retenue d'une conférence de Marie de Hennezel.

109

nettement l'impression que même la mort ne pourra y mettre fin. En fait, il s'agit de l'âme qui continue de battre quand le cœur vient de céder. Il m'est arrivé, très rarement j'en conviens, d'être témoin de cette âme qui bouge, si je peux utiliser une telle expression pour décrire ce qu'il m'est arrivé de ressentir aux côtés de personnes qui venaient de mourir. Je dois vous dire que j'ai alors senti en moi un mouvement vers le haut. Dans ces moments, très rares par ailleurs, nous sommes élevés, tout simplement élevés. Il n'y a alors ni frontières, ni plafonds, ni cloisons ; tout est espace infini, à l'intérieur comme à l'extérieur. Que puis-je ajouter, sinon qu'il m'a été très difficile après de telles expériences de reprendre contact avec la vie ordinaire, de rentrer chez moi comme si de rien n'était, de dire tout simplement que la journée s'était bien passée. L'incapacité de partager une telle joie nous fait vivre une solitude extrême, car ces événements se racontent ou se décrivent difficilement ; ils se vivent, se ressentent. Cet état est aussi compliqué à décrire qu'une douleur intense. La pratique quotidienne de mon travail auprès des mourants m'a éclairée sur mes forces spirituelles. Ce sont les mourants qui m'ont mise en contact avec elles. Pas nécessairement en me faisant connaître cet état particulier que je viens d'évoquer, mais en me permettant d'être témoin de tout ce qui a tramé leur mort et, au fond, leur vie. Il ne faut pas oublier que cet espace sans fin dont j'ai parlé précédemment sert également de contenant, de récipient pouvant stocker l'histoire de nos malades. La capacité de porter ces histoires en soi serait à mon avis très faible en l'absence de référents spirituels. En ce qui me concerne, la spiritualité me fournit une énergie psychique sans laquelle je ne pourrais survivre au contact quotidien des mourants. Chez nos patients, la croyance en un au-delà n'est pas particulièrement étendue ; elle ne donne pas forcément non plus une vision plus sereine de leur fin prochaine. Plus la fin approche, et cela même chez la personne très croyante, plus les craintes, les questions et les doutes s'expriment. Presque tous m'ont dit : « Dommage que personne ne soit revenu nous raconter ce qui se passe là-bas, là-haut, après... » Donc, même les croyants en un au-delà se mettent à douter et nous questionnent, sachant bien que nos croyances n'ont rien à voir avec la réalité, ni la leur ni celle des autres. Les gens prient, communient, serrent fort différentes reliques, mais ces rituels sont souvent interprétés ainsi : « De toute façon, je n'ai rien à perdre, d'autant plus qu'il n'y a rien d'autre à faire. » Plusieurs croient à la finitude de l'être pour une seule raison : ne pas avoir de mauvaise surprise de l'autre bord. Si l'on prévoit le pire, rien de plus grave ne peut arriver. C'est le plus souvent ce qui se dégage de nos malades, indépendamment des souches religieuses. N'empêche que la prière nous apaise. Patients, proches, soignants, ont recours à la prière quand les traitements sont inutiles, quand les paroles sont vaines, quand les gestes sont impuissants, maladroits. Alors, on prie, comme dans un hymne à l'amour, comme dans le cri d'un désir d'éternité.

« La bonne mort »[1]

Un mythe en question dans le contexte du sida

Il était une fois un homme juste et bon, que la vie avait en quelque sorte gâté. Tout à coup, sans qu'il comprenne pourquoi, l'épreuve s'abattit sur lui. Ses troupeaux furent décimés, sa maison et ses champs brûlèrent. Puis il perdit ses enfants les uns après les autres, puis sa femme. Et se retrouva seul sur son tas de cendres, avec un immense chagrin. Là, du fond de sa solitude et de son désespoir profond, il s'adressa à Dieu : « Qu'ai-je fait pour mériter cela ? J'ai toujours vécu honnêtement, je ne me suis jamais détourné de Toi, pourquoi m'avoir retiré tout ce que Tu m'avais donné ? » Dieu ne répondit pas.

Des amis, bien intentionnés, conseillèrent alors à l'homme de maudire Dieu, mais l'homme s'y refusa. Il ne pouvait croire que Dieu l'ait abandonné. Il continuait à croire que Dieu viendrait à son secours.

Comme s'il n'avait pas encore assez perdu, il tomba malade, perdit ses cheveux, ses dents, et sa peau se couvrit d'une sorte de lèpre. De nouveau il cria son désespoir, suppliant Dieu de lui répondre. Pourquoi cette injustice ? Pourquoi ? Les mêmes amis bien intentionnés lui dirent alors qu'il n'avait pas assez fouillé son passé ; il avait sûrement fait quelque chose pour mériter un tel châtiment. Refusant la culpabilité, l'homme fut alors saisi d'une colère immense, il cria sa rage à la face de Dieu, et l'interpella une dernière

1. Texte adapté d'une conférence donnée par Marie de Hennezel à Ottawa (Canada) en mars 1990 sous le titre « Le mythe de la mort parfaite, le nouveau sens de la mort dans le contexte du sida ».

fois : « Dieu, ne pourrais-Tu, ne serait-ce qu'une fois, tenir compte de l'homme ? »

Il y eut un grand silence, puis la voix de Dieu se fit entendre. Dieu se mit à parler du ciel, des étoiles, des saisons, du tonnerre, de la force du vent, de la douceur de l'air, de la beauté des soleils couchants, des arbres en fleurs au printemps, de la naissance des brebis, de l'immensité de la mer...

L'homme se sentit si petit, alors, face à l'univers, qu'il se tut et contempla la beauté du monde.

Cette histoire est celle de Job. C'est la plus belle métaphore du deuil que je connaisse.

A la souffrance, aux deuils, à la mort, il n'y a pas de réponse, ou plutôt la réponse est ailleurs. Dieu ne répond pas, ou plutôt il répond à côté, sur un autre plan. Et Job tout d'un coup dépasse sa souffrance, et accède à un autre niveau de conscience.

La mort, dans le contexte du sida peut-être encore plus que dans un autre contexte, est absurde. Nous la vivons comme un scandale inacceptable. Une fois que nous avons fait ce constat, nous sommes devant un mur, le mur de l'absurde.

Jean Guitton a écrit récemment que les deux solutions possibles à l'énigme proposée par l'expérience de la vie sont l'absurde et le mystère.

Selon lui, on ne peut admettre le côté du mystère d'emblée, directement, car il nous effraie plus qu'il ne nous attire. On part donc généralement de l'absurde. Mais « c'est l'absurdité de l'absurde qui nous jette vers le mystère, alors même que nous ne le comprenons pas ».

Pour Jean Guitton, face à ce qui nous dépossède de tout, de tout contrôle, de toute maîtrise, face à l'inconnaissable de la mort, il nous reste cependant une liberté, un ultime choix, celui d'opter pour l'absurde ou pour le mystère.

C'est cette ultime liberté qu'exerce ceux qui choisissent de faire de ce qu'ils vivent quelque chose de beau.

Lorsqu'on est confronté de façon presque quotidienne à la mort de sujets jeunes, lorsqu'on est témoin de tant de souffrances, de tant de révoltes, de tant de rêves brisés, peut-on encore croire à la « bonne mort » ?

J'ai accompagné des « mourirs » plus ou moins bien « vécus », plus ou moins bien « socialisés », mais comme toutes les personnes confrontées à la réalité de la mort d'autrui, je considère que chaque mort a son poids et son importance, que chacun vit sa mort comme il peut et que la « bonne mort » est une illusion, un mythe sans doute que les humains se racontent pour apaiser leurs angoisses.

Les mythes cependant appartiennent à l'imaginaire, et on ne peut nier leur influence.

Denis de Rougemont disait que le caractère le plus profond du mythe, c'est le pouvoir qu'il prend sur nous, généralement à notre insu. Dire qu'aujourd'hui nous ne sommes pas inconsciemment gouvernés par un mythe de la « bonne mort » serait une erreur. Il vaudrait mieux essayer de cerner les contours actuels de ce mythe.

Nous vivons la fin d'un XXᵉ siècle marqué par le déni de la mort, et le mythe de la toute-puissance médicale.

On sait que c'est la vision du monde qui permet de situer la mort, de lui donner un sens. Or quelle vision du monde avons-nous ? Un monde de l'effectivité, de la performance, privilégiant la rentabilité, poussant à la consommation, un monde où le « faire » l'emporte sur l'être, où la question de la mort est sans cesse repoussée, évacuée. Un monde qui encourage le besoin, et non le désir.

Un monde d'objets et non de sujets, bref un monde privé d'âme et d'esprit, un monde sans amour.

Or c'est dans ce contexte qu'on assiste maintenant à un retour de la question refoulée. Avons-nous jamais vu tant de gens mourir autour de nous ? On ne peut plus faire comme si la mort n'existait pas, elle est là, à notre porte. Quelle famille, quelle communauté n'en est frappée ? La mort maintenant nous concerne tous, quel que soit notre âge, car le sida est devenu une menace pour l'humanité. Nous vivons certes une crise profonde, une période de transition. Les comportements et les attitudes collectives héritées de cette période de déni cherchent encore à déjouer la mort : par le silence, la banalisation, le désinvestissement affectif, la désocialisation. La « bonne mort » reste alors la mort discrète, rapide, inconsciente, celle qui surtout ne veut déranger personne. Mais on voit se dessiner aussi un nouvel humanisme, à la mesure du désarroi et du manque de repères. Des soignants, des volontaires essaient de porter ensemble la vie et la mort. La mort accompagnée, socialisée, vécue lucidement jusqu'au bout, devient alors la « bonne mort » souhaitée. On revient alors à une conception de la « bonne mort » qui n'est pas très éloignée de celle qu'on trouvait au Moyen Age, à ceci près qu'autrefois le sentiment de précarité de la vie était immergé dans un sentiment plus large d'éternité procuré par la foi, alors qu'aujourd'hui il est assumé, porté ici et maintenant grâce à l'amour des autres.

Il n'y a donc pas un mythe de la « bonne mort » aujourd'hui, mais au moins deux. Et ces mythes correspondent à deux visions différentes de la mort.

Dans une enquête menée conjointement avec des

psychologues italiennes, il est apparu que le souhait fantasmé de mort discrète, rapide, inconsciente, émanait de soignants qui vivent la confrontation avec la mort de leurs patients comme un échec, dans une grande solitude, avec une perte des repères et des valeurs, un manque de confiance profond dans leur capacité à aider les mourants.

Le souhait d'une mort consciente, accompagnée, vécue, émane des soignants qui sont eux-mêmes soutenus et qui se sentent professionnellement et humainement confirmés dans leur rôle d'accompagnement du mourir, des soignants pour qui la mort n'est pas un échec mais un défi.

Le mythe, le fantasme de la « bonne mort » prend alors des couleurs différentes selon que l'on est prêt ou non à affronter cette réalité. Sans doute est-il important d'avoir conscience de son propre mythe, dans la mesure où il conditionne notre engagement auprès des personnes qui vont mourir.

Mais il serait temps de laisser le mythe de côté, pour nous interroger sur le sens. C'est volontairement que j'aborde la question du sens, qui englobe celle de la signification, mais ne se limite pas à elle.

Le mot « sens » a plusieurs entrées. Il indique à la fois la perception de la réalité à travers les organes des sens, la signification, et enfin la direction, l'orientation.

Quel sens la mort prend-elle aujourd'hui dans le contexte d'une menace qui vise l'humanité ?

— Comment la percevons-nous ? Sommes-nous sensibles au fait que tant de personnes sont atteintes et menacées ? Nous sentons-nous concernés ? Sommes-nous angoissés et cherchons-nous à fuir cette réalité en rejetant ceux qui la portent ? Ou au contraire nous sentons-nous solidaires, plus profondément humains ?

— Quelle signification lui donnons-nous ? Est-elle un « châtiment divin », est-elle un appel à changer notre façon d'aimer ? Une chance à saisir pour transformer l'humanité, un défi à relever ?

— Vers quoi nous mène-t-elle ? Vers le néant ou vers le mystère d'un au-delà de toute façon inimaginable ?

La question : *quel sens puis-je donner à ma vie, sachant que je peux mourir bientôt ?* recouvre les trois aspects que je viens de mentionner.

A cette question, il y a autant de réponses que de personnes, et parmi ces réponses il y en a de si belles, et de si émouvantes qu'elles nous aident à vivre et à porter la mort si proche. Il y en a d'autres qui nous ravagent le cœur et nous laissent blessés pour longtemps. C'est ainsi.

Sans doute est-il plus important de respecter les modalités du mourir dans ce qu'elles ont de si personnel et de si singulier, que de s'attacher à l'image d'une « bonne mort » quelconque. Cette crise du mourir chacun la vit comme il peut. Peut-on dire que la colère, la révolte, le repli solitaire a moins de valeur que la mort acceptée et sereine ?

Ce qui importe, me semble-t-il, c'est que l'être humain soit lui-même, entièrement lui-même dans cette expérience du mourir et qu'il se sente accepté et confirmé dans son « essence » quel que soit son vécu.

C'est là que l'accompagnement prend tout son sens.

Accompagner, faut-il le rappeler, ce n'est pas guider en fonction de telle ou telle représentation de la mort, c'est suivre pas à pas celui qui va mourir en lui permettant d'accéder à ce qui, pour lui, est le mieux.

Avec la confiance absolue que sa manière de mourir est la bonne pour lui, puisque c'est la sienne.

Cela demande des intervenants, beaucoup d'humilité : laisser tomber ses références, ses propres béquilles, et accepter de porter ensemble la mort au niveau choisi par l'autre.

Ainsi voit-on se dessiner une nouvelle conception du « bien mourir » qui ne serait plus une illusion, un mythe, mais une permission de vivre sa mort comme on désire la vivre profondément, avec l'assurance d'être aimé et accepté quoiqu'il arrive. Cela exige bien sûr qu'autrui soit capable d'accéder à cette qualité d'amour authentique.

« Je ne veux pas mourir de la petite mort. Je veux ma mort à moi. » C'est ainsi que le poète Rainer Maria Rilke[1] distinguait « la petite mort » qui pend à l'intérieur de l'homme comme un fruit aigre, vert et qui ne mûrit pas, et la « grande mort que chacun porte en soi », comme le fruit qui est au centre de tout et dans lequel peut entrer « toute la chaleur des cœurs et l'éclat blanc des pensées. »

C'est cette mort-là que Rilke appelle de tous ses vœux pour lui-même et pour les autres :

> « Ô mon Dieu, donne à chacun sa propre mort, donne à chacun la mort née de sa propre vie où il connut l'amour et la misère. »

Cette prière ne nous touche-t-elle pas en profondeur ? N'est-ce pas cela qui importe aujourd'hui : enfanter sa propre mort ? Ou encore, comme l'écrit Michel de M'uzan[2], « se mettre complètement au monde avant de disparaître » ? Vivre tout ce qui n'a pu l'être jusque-là, prendre conscience de ce que l'on est vraiment, entrer en contact avec son être essentiel,

1. Rainer Maria Rilke, « le Livre de la pauvreté et de la mort », in *Livre d'heures* (1902), Œuvres, vol. II, Poésie, Éditions du Seuil, 1972, pp. 112-129.
2. Michel de M'uzan, *op. cit.*

avec cet espace intérieur de pur amour et le rayonner autour de soi.

Si effectivement on ne peut contrôler ni le jour, ni l'heure de sa mort, ni la façon de mourir, pas plus qu'on ne peut contrôler l'heure et la façon de naître d'un enfant, on peut cependant « porter sa mort comme le fruit de sa vie ».

On touche là à un des sens (dans le sens de direction) que la proximité de la mort donne à la vie : aller jusqu'au bout de soi-même, révéler enfin ce que l'on est vraiment, atteindre cette complétude qui n'est pas tant une question de temps que d'énergie à libérer. Beaucoup de personnes atteintes disent vouloir aimer pleinement avant de mourir, beaucoup reconnaissent que cette maladie leur a fait prendre conscience de ce qui fait l'essentiel de la vie : l'amour, la générosité, la tendresse, l'acceptation d'autrui. Le livre d'Élisabeth Kübler-Ross, *Le Sida : un défi à la société*[1] est plein de ces témoignages. Les personnes atteintes et leur entourage découvrent plus de choses en quelques mois de maladie, que pendant toute une vie passée, et reconnaissent qu'ils sont plus « vivants », bien que malades, qu'ils ne l'ont jamais été.

Cependant un grand nombre de personnes atteintes ne supportent pas que l'on parle du sida comme d'une chance à saisir, une occasion d'évoluer, de s'ouvrir à l'amour. Ces réactions montrent le peu de respect que l'on a du chemin de chacun, de son rythme, de sa maturité. Le vécu des uns peut devenir un modèle tout fait proposé aux autres. C'est ainsi qu'on anticipe sur leur vécu propre, et qu'on les empêche de découvrir eux-mêmes et de mûrir le secret de leur épreuve.

C'est pourquoi il faut une vigilance extrême, une

1. Éditions internationales Alain Stanké, 1988.

grande délicatesse dans l'écoute pour ne pas tomber dans ce piège qui consiste à proposer un sens à l'expérience d'autrui. Se contenter de donner sa confiance.

Mais sur quelle base accorder cette confiance ? Sans doute ma formation jungienne m'a-t-elle aidé à découvrir qu'au fond de nous-mêmes repose le Soi caché, l'être essentiel, l'homme intérieur, peu importe le nom qu'on lui donne, cette part de nous qui connaît le secret de la vie et de la mort.

Nous sommes tous entrés en contact avec notre Soi, chaque fois que dans notre vie nous avons fait une expérience qui nous a porté au-delà de nous-mêmes, et nous a donné le sentiment d'être relié à toutes choses. Jung appelle cela le *numineux*. Le contact avec la Nature, la contemplation d'un coucher de soleil ou d'un ciel étoilé, la musique, la poésie, la rencontre amoureuse, la beauté d'un chant liturgique, la qualité d'un silence, la contemplation d'un visage d'enfant endormi, toutes ces « heures étoilées » sont des expériences du Soi.

Cependant le mystère, le paradoxe du Soi, c'est que lorsque tout cela fait défaut, lorsqu'on est plongé dans la nuit de la souffrance, de l'absurde, de la solitude et de la mort, il se produit un moment tout à fait inexplicable, où toutes ces souffrances se transforment brusquement en grâce. C'est ce qu'on appelle la *métanoïa*. Comme si l'épreuve avait un pouvoir initiatique. Jean-Yves Leloup dans son livre *L'Enracinement et l'ouverture*[1] nous dit que « la vie amène sans cesse chacun de nous à la limite de sa résistance au point où il n'en peut plus. C'est par le dépassement de cette limite, qui comprend l'anéantissement de ses propres exigences, que s'ouvre à lui la porte du mystère ».

1. Albin Michel, 1989.

123

Cela, il faut le vivre. Et c'est seulement dans la mesure où on l'a vécu soi-même que l'on peut dire qu'il y a au fond de la nuit la plus obscure, une petite lampe intérieure, intime et secrète, qui veille. Au moment même où l'homme frôle sa mort, autre chose surgit : le pressentiment extraordinaire que quelque chose ne peut pas être détruit.

J'ai recueilli personnellement les dernières paroles d'une femme qui avait vécu la phase terminale de sa maladie comme quelque chose d'absurde. Or juste avant de mourir, son visage s'est soudain éclairé et elle m'a dit : « Si seulement on savait avant ! » Il y avait dans son ton un étonnement et beaucoup de nostalgie. Je n'ai jamais su de quoi elle parlait, mais elle avait manifestement fait une découverte surprenante.

Or quelle que soit la façon dont on meurt, il y a cette force intérieure à l'œuvre au plus profond de l'être. En tant qu'intervenants (médecins, soignants, accompagnants) engagés dans une relation d'aide auprès des personnes atteintes, nous ne devrions pas perdre de vue que ce que ces personnes attendent de nous, c'est de **croire en elles**, de croire en cette force intérieure dont elles n'ont peut-être pas conscience. C'est de leur faire confiance.

Chaque être humain a la force intérieure de transformer l'impasse en chemin, le mur en passage, mais nous ne savons pas comment. Ce « comment » lui appartient, il prend parfois une forme insoupçonnée. C'est pourquoi à côté de la confiance inconditionnelle dans les ressources intérieures de l'autre, il nous faut rester humbles. Nous n'avons pas à indiquer le « comment », car alors nous risquons de projeter notre propre vérité.

Nous garder de l'illusion de la « bonne mort » et de la tentation de fournir un sens à l'expérience d'autrui, avoir une confiance absolue dans la capacité de l'autre à faire face à ce qui lui arrive, ne nous dispense pas pour autant de nous interroger sur la manière dont nous pouvons aider l'autre à trouver son propre chemin.

On aura compris que les discours philosophiques ou religieux, que les épais traités sur la mort, ne sont pas d'un grand secours et que l'écoute elle-même a ses limites si elle n'est pas ancrée dans une qualité d'être et de présence telle que l'autre se sent totalement accepté, aimé, confirmé dans son être le plus profond.

Cette qualité de présence s'exprime à travers le regard, le toucher, dans les moments de communication silencieuse, où les souffles sont accordés, où l'espace de rencontre semble soudain infini.

Chacun de nous sait que son écoute s'épaissit d'angoisse, que son regard sur l'autre se ternit dès qu'il se laisse envahir par les ombres de la souffrance exprimée devant lui. Or on n'aide vraiment l'autre que si l'on sait accueillir sa souffrance, tout en gardant un regard lumineux sur lui. C'est ce regard lumineux posé sur lui qui invite l'être en souffrance à prendre conscience de ce qu'il porte de lumière.

Qui n'a déjà senti jaillir au fond de lui-même une énergie nouvelle, chaque fois qu'il s'est senti reconnu dans son identité profonde, dans sa beauté et son honnêteté intérieures ? Qui ne s'est senti plus humain ?

Confirmer quelqu'un dans sa valeur, dans son essence, c'est lui permettre de se ramasser tout entier, de se mettre debout s'il était effondré de désespoir, c'est lui permettre d'avoir tout à coup terriblement envie d'aimer, d'être généreux, de se dépasser soi-même.

De même avons-nous conscience de la manière dont

nous touchons la personne atteinte ? Quel message nos mains transmettent-elles ? La confirment-elles dans sa déchéance corporelle, dans son vécu de destruction ? Ou au contraire, lui font-elles sentir qu'elle est infiniment précieuse ?

Savons-nous, dans les soins que nous prenons du corps malade, envelopper la personne d'une tendresse à nulle autre pareille, comme nous le ferions d'un oiseau blessé pour le protéger ? André Ruffiot nous rappelle que le sidéen, privé de ses défenses immunitaires, fantasme son corps comme un « corps sans défenses, sans enveloppe externe protectrice, corps mis à nu, corps vilé, corps écorché de l'intérieur, manquant d'une peau interne, corps offert, exposé, corps malade, marqué, torturé, corps agressé par l'AZT, corps séparé de la matrice originelle, corps séparé du psychique qui ne commande plus. »[1] Il redevient un « nourrisson en solitude », en détresse, en quête d'amour et de protection. C'est pourquoi notre façon de toucher, de contacter la personne est si importante : au-delà d'une sécurité retrouvée, notre toucher peut ouvrir à une autre perception de soi-même, il peut inviter à une transformation du corps.

Je m'explique : trop souvent nous vivons portés par notre biologie au lieu de la porter. Nous nous identifions à notre biologie, nous nous vivons comme une chose, un objet, un être de besoin et non de désir.

Notre corps est vécu comme un objet, livré au regard d'autrui, consommé par autrui, manipulé par les médecins, puis éventuellement abandonné quand il n'y a plus rien à faire, comme un déchet, comme une chose désormais inutile.

1. André Ruffiot et al., *Psychologie du sida, Approches psychanalytique, psychosomatique et socio-éthique*, Martaga-Vermette, Boucherville, 1989.

Si nous sommes si profondément blessés dès que l'on nous traite comme une chose, dès que l'on souligne notre dégradation physique, c'est justement parce que nous avons le sentiment de n'être pas simplement une « chose » mais un « sujet ».

Or c'est lorsqu'on se sent touché comme « sujet », comme « personne » au-delà du corps, qu'on oublie que l'on « a » un corps, parce que l'on « est » un corps, un corps animé, traversé par le courant d'une vie intérieure. C'est alors seulement que notre corps donne toute sa « beauté », tout son rayonnement, et qu'il prend une expression humaine.

Saint Paul disait aux Corinthiens : « Tandis que notre homme extérieur s'en va en ruine, notre homme intérieur se renouvelle de jour en jour. »

C'est cet homme intérieur qu'il s'agit de reconnaître chez celui qui assiste impuissant à sa ruine biologique, afin qu'il en devienne lui-même conscient. C'est cela humaniser le corps, permettre à quelqu'un de sentir au-dedans de lui-même cet espace d'amour et de lumière qui fait qu'on se sent vivant, même si l'on va mourir bientôt.

Il est intéressant de noter que certains théologiens chrétiens, tels que Maurice Zundel[1], font de cette « humanisation du corps » une condition de la résurrection du corps. Pour Zundel, le vrai problème n'est pas de savoir si nous vivrons après la mort, mais si nous serons vivants avant la mort. Si nous étions vivants avant la mort, s'il y avait en nous cette puissance de rayonnement, cette source jaillissante, si notre vie portait partout la lumière, nous transformerions nos énergies physico-chimiques et nous créerions notre corps d'éternité.

1. Maurice Zundel, *A l'écoute du Silence*, Tèqui, Paris, 1979.

« Rien ne prouve, dit-il, qu'un corps vraiment humanisé ne puisse subsister sous un aspect d'ailleurs impossible à imaginer. »

Beaucoup d'intervenants qui utilisent des approches psychocorporelles savent que ces approches leur permettent de ritualiser leur soutien affectif. Ils ont découvert l'impact apaisant et renarcissisant de ces approches qui permettent parfois de véritables transfusions de sérénité. La personne accède à une perception plus valorisée d'elle-même et quand l'échange devient une communication d'âme à âme, elle atteint un niveau de conscience différent. Elle vit alors une sorte d'élargissement, de dilatation de son espace psychique, dans une abolition des limites spatiotemporelles : un peu un avant-goût de l'infini et de l'éternité.

J'aimerais ouvrir une petite parenthèse à propos du temps.

Les Grecs connaissaient à côté de Kronos, le dieu du temps qui dévore, un certain Kairos, le dieu du moment juste, du moment opportun. Kairos gouverne tous ces moments où justement on a l'impression que le temps est suspendu ! La souffrance liée à l'attente, au sentiment insupportable de ne pas contrôler le temps ne peut trouver son apaisement que dans la découverte de ces moments hors du temps.

Si j'insiste tant sur cette dimension du contact affectif, du toucher, de la présence, c'est que face à cette impuissance radicale dans laquelle nous jette cette terrible maladie, ne sachant plus souvent quoi faire, comment consoler, comment soulager, la seule issue possible est d'offrir notre « être » dans toute son authenticité. Car c'est là, dans les profondeurs de notre Être, que reposent nos réserves d'amour et de confiance.

Cette qualité de présence dont nous sommes capables dès que le désespoir de l'autre nous touche, nous oblige à la fois à être en contact avec notre Être profond et en même temps à sortir de nous-mêmes, à nous oublier pour être là chez l'autre, et consoler en lui notre propre chagrin.

Le cortège de souffrances, de pertes, de deuils, de stress qui accompagne le sida soulève des questions auxquelles nous n'avons pas de réponses.

Comme dans l'histoire de Job, nous tentons de répondre à un autre niveau, par l'amour, la solidarité, nous tentons de porter ensemble la souffrance et la mort.

Dans l'étude que je mène actuellement en Europe sur le rapport entre les motivations des intervenants et le stress, il est apparu que face à la butée de la mort, il y a deux stress possibles, le stress négatif et le stress positif. Les intervenants non motivés, isolés dans leur travail, connaissent dans la confrontation avec la souffrance et la mort des personnes atteintes, une réactivation de l'angoisse archaïque de mort, et un sentiment d'impuissance qui met en échec la toute-puissance infantile. Ils ont tendance à s'acharner thérapeutiquement sur le « corps malade », et à abandonner la « personne ». Ils souffrent de *burn-out*.

Les intervenants motivés, et qui bénéficient d'un soutien réciproque, vivent la confrontation avec la mort comme une invitation à se dépasser, à se remettre en question, à se transformer. C'est cette exigence de transformation personnelle et collective que j'appelle le stress positif. C'est de l'ordre de la sublimation. La sublimation désigne une opération chimique dans laquelle une substance gazeuse est dégagée par combustion. Dans la sublimation dont je parle, le feu prend là où il y a du combustible, c'est-à-dire de l'amour, mais cette combustion-là ne détruit pas, elle élève, elle permet que se dégage une énergie, un souffle nouveau.

On pourrait alors davantage parler de la contagion de l'amour, et méditant cette réflexion de Stan Rougier « l'usure, c'est l'amour inemployé ! », envisager à côté du *burn-out*, une autre combustion : le *burn-up*.

La relation
soignant/soigné
en phase terminale

Enjeux
et impacts psychologiques[1]

« *Je crains que l'on ne mesure jamais assez l'impor-*
tance de ce contact élementaire, fût-il limité à deux
mains qui se tiennent lorsque l'échange verbal est
devenu impossible. Il y a là quelque chose de compa-
rable à l'organisme formé par la mère et son nouveau-
né. »

Michel de M'uzan.

« Les soins aux malades en fin de vie font largement appel à des aptitude relevant du cerveau droit (l'intuitif, le sensible) et c'est pourquoi la médecine d'aujourd'hui a tant de mal à s'y mettre[2] ».

C'est aussi pourquoi, poursuit Jean Fabre, tant de femmes ont joué un rôle décisif dans la diffusion des soins palliatifs. Pour s'en convaincre, dit-il, il suffit d'évoquer les noms de Cicely Saunders, Élisabeth Kübler-Ross, Thérèse Vanier ou Renée Sébag-Lanoe, sans parler de celles qui, chez nous, ouvrent le chemin dans ce domaine. Ouvrir le cerveau droit, c'est, selon Fabre, apprendre à faire face aux situations qui demandent imagination et innovation. Cicely Saunders et Élisabeth Kübler-Ross ont créé un mouvement, un enseignement, un accompagnement qui rappelle celui des sages-femmes facilitant la mise au monde de leur propre mort. Ces pionnières ont fondé des hospices et ont observé les derniers instants de la vie de personnes atteintes de maladies terminales. Sous l'inspiration de leurs travaux, bon nombre d'unités de soins palliatifs sont aujourd'hui créées aux quatre coins du monde. Au Canada, la première unité intégrée dans un centre hospitalier a vu le jour en janvier 1975, à l'hôpital Royal Victoria de Montréal, sous l'instigation du Dr Balfour Mount ; celui-ci accueille de nombreux stagiaires d'orientation multidisciplinaire dans leurs études sur la mort.

1. Johanne de Montigny, texte présenté pour publication dans la revue *Santé mentale au Québec*, automne 1990.
2. Jean Fabre, Charles-Henri Rapin et al., *Fin de vie*, Payot, Lausanne, 1989.

Toutes ces personnes, nous les appelons des accompagnants. Car accompagner, « c'est suivre pas à pas celui qui va mourir en lui permettant d'accéder à ce qui pour lui est le mieux[1] ». L'ensemble des membres d'une équipe soignante forme ce qu'il conviendrait d'appeler une famille multidisciplinaire. Or, la psychologie est la benjamine de cette grande famille. Son apport est salutaire à des êtres qui cheminent entre le choc de la nouvelle (souvent brutalement annoncée) d'une maladie fatale et la phase terminale de leur vie. Le psychologue contribue à libérer l'angoisse du mourant durant une période que certains (autant chez les soignants que chez les soignés) identifient comme étant une crise, un passage, une étape ou une phase, et que, pour ma part, je préfère qualifier d'événement, d'expérience, de transformation personnelle. Je parle de transformation, car accompagner l'expérience de la mort biologique interpelle le soignant dans son désir de vivre pleinement, tel un explorateur, des moments privilégiés, des états très particuliers et souvent difficiles à mettre en mots, des événements qui demeureront de précieux souvenirs, des références uniques pour interroger sa propre manière de vivre. Devant la mort de l'autre, en effet, nous sommes tous à la recherche d'un mieux-être et d'un mieux-vivre. Le silence des mourants est, sans contredit, la forme de communication la plus difficile à soutenir dans l'échange soignant-soigné. Le silence fait parler. Il questionne. Il provoque. Il gêne. Il met en évidence les limites des soignants, l'impuissance des vivants. Le silence appelle la simplicité, l'humilité, l'authenticité. Les regards ne trompent pas, le toucher double l'intensité, la parole laisse une trace prégnante. Nous sommes alors plongés

1. Marie de Hennezel, « La bonne mort : un mythe en question dans le contexte du sida ».

dans le face-à-face de nos vies intérieures, dans l'invisible, l'innommable, dans le mystère que nous tentons tous de percer, d'élucider : la mort, celle qui n'existe pas pour l'inconscient, la mort qui, comme le soulignait Dolto[1], ne se présente comme angoissante que dans les fantasmes de notre imagination, ce qui amène la célèbre psychanalyste à parler de « jouissance de l'imminence de la mort comme [d']un fait du désir humain »[2]. Fascination que les vivants éprouvent devant les mourants, sensation que, peut-être, nous éprouvons tous au moment de mourir, à l'intérieur même de ce que les accompagnants dénomment « détresse respiratoire » mais que d'autres penseurs, analystes ou accompagnants, décrivent comme la recherche d'un premier et dernier souvenir, « l'asphyxie comme souvenir d'une intimité délicieuse[3] ». Dolto, la sage-femme, associait à la mort :

> « ... l'imminence jouissive de la naissance dans l'état menaçant d'asphyxie du fœtus qui est suivi de la naissance : on dirait que l'être humain recherche ce premier triomphe, payé d'une forte angoisse inconsciente d'asphyxie, celle du manque d'oxygène amené par le cordon ombilical au moment où il faut bien naître[4]. »

L'accouchement-mort/accouchement-vie est une analogie à laquelle le soignant-accompagnant ne peut échapper. A ce sujet, Marie de Hennezel[5] rejoint Dolto

1. Françoise Dolto, « La mort au risque de la psychanalyse », in *En face de la mort*, Privat, Toulouse, 1983.
2. *Ibid.*
3. *Ibid.*
4. *Ibid.*
5. Marie de Hennezel, « Le rôle du psychologue », in *Pour une mort plus humaine* de Maurice Abiven, Interéditions, Paris, 1990.

dans une conférence donnée aux infirmières de l'Amicale de Reuilly, en France, quand elle affirme :

> « L'important, c'est que le malade lâche son corps comme le nourrisson doit lâcher son placenta. »

Le travail de l'accouchement est donc intimement lié au travail du trépas. En fait, ils sont inter-reliés. Les accompagnants sont bel et bien témoins de la position fœtale de certains mourants. Michel de M'uzan[1] traduit psychiquement ce que les accompagnants observent autour de l'expérience de la mort par l'image suivante : « ... comme s'il tentait de se mettre au monde avant de disparaître ». Mais, à l'inverse du corps naissant, le corps déchu bouleverse l'accompagnant dans son propre corps sain, jusqu'à ce que la perspective du corps à corps soit dépassée par les pouvoirs de la psyché. La psyché, ces lieux de l'âme, fait alors peau neuve derrière la peau meurtrie, la peau flétrie, la peau mourante du corps vivant, car l'éveil de l'âme (cette naissance à laquelle les auteurs cités ci-dessus font référence) se manifeste impétueusement dans le rapprochement de la mort symbolique (puisque non représentable) du vivant et de la mort effective (puisque réelle) du mourant[2].

L'accompagnement s'inscrit dans une expérience de découverte plutôt que dans un savoir préconçu. Tout simplement parce que nous ne savons pas. L'expérience se renouvelle, jamais ne se répète, auprès de celui ou de celle qui semble vivre, avant de mourir, ce que le quotidien ne possède pas. Le soignant ne

1. Michel de M'uzan, *op. cit.*
2. Propos de l'auteur lors d'une communication au colloque « La mort, parlons-en », tenu à Magog en septembre 1989.

détient pas le sens profond de l'expérience du soigné, il le soutient. C'est pourquoi :

> « Il faut une vigilance extrême, une grande délicatesse dans l'écoute pour ne pas tomber dans ce piège qui consiste à proposer un sens à l'expérience d'autrui, se contenter de donner notre confiance[1]. »

La confiance, ce quelque chose de plus fort, de plus grand que soi, s'installe à plus forte dose au moment de la relation ultime. Faire confiance n'exclut pas les peurs, les limites, les doutes, les maladresses. Même après quinze ans d'expérience, les soignants nous confient : « Je ne sais pas quoi dire, je ne sais pas quoi faire. » Mais ni le savoir-dire ni le savoir-faire n'importent autant que le savoir-être. Le savoir-être du soignant devant l'absence imminente de l'être soigné. Comme si la présence du soignant (la vie) devenait soudainement cruciale devant l'absence (la mort) très prochaine du soigné. Devant « la maladie comme métaphore », écrivait Sontag[2], devant celle qui, une fois diagnostiquée, autorise enfin l'(ex)pression des émotions. Comme si le récit du corps avait précédé la parole. C'est ainsi que Fritz Zorn nous décrit la tumeur logée dans son cou comme le reflux de larmes qu'il n'a jamais pu verser. Adolf Muschg, qui préface les écrits de Zorn[3], soutient que :

> « Le cancer est une maladie entre guillemets qui, bizarrement, n'en est d'ailleurs pas une mais un agissement asocial de la norme biologique[4]. »

1. Marie de Hennezel, *loc. cit.*
2. Susan Sontag, *La maladie comme métaphore*, Belfond, Paris, 1979.
3. Fritz Zorn, *op. cit.*
4. *Ibid.*

Dans la crise du mourir, Marie de Hennezel[1] nous invite à considérer la mort non seulement comme :

> « ... une catastrophe biologique, mais aussi comme un événement psychique, un événement familial et social qui atteint, au-delà de celui qui va mourir, le tissu familial et social. »

C'est ce que Zorn nous apprend, sans tergiverser, dès le premier chapitre de son récit de vie à l'approche de sa mort imminente :

> « J'ai eu une éducation bourgeoise et j'ai été sage toute ma vie. Ma famille est passablement dégénérée, c'est pourquoi j'ai sans doute une lourde hérédité et je suis abîmé par mon milieu. Naturellement, j'ai aussi le cancer, ce qui va de soi si l'on juge par ce que je viens de dire[2]. »

La psychologie demeure à l'écoute de ce discours rarement verbalisé par les malades atteints d'un cancer en phase terminale. Il faut prêter une oreille attentive au non-dit, un regard éclairé sur l'absence de mouvement, et une main ouverte sur la tentative de toucher au sujet (en tant que personne ou en tant que propos) afin de (re)connaître la présence ou l'absence d'un sens dans le langage métaphorique du mourant. Selon Sontag[3] :

> « A cause de ce prolixe florilège métaphorique qui a fait du cancer le synonyme du mal, beaucoup de gens atteints du cancer ont vécu leur maladie comme une honte, donc comme une

1. Marie de Hennezel, « Le mourir, une crise ? Pour qui ? », in *Frontières*, vol. 1, n° 3, université du Québec à Montréal, hiver 1989.
2. Fritz Zorn, *op. cit.*
3. Susan Sontag, *Le Sida et ses métaphores*, Christian Bourgois Éditeur, Paris, 1989.

chose à cacher, et aussi une injustice, une trahison du corps. »

L'équipe d'intervenants en soins palliatifs symbolise en quelque sorte le retour à l'unité familiale idéalisée, fantasmée, toujours recherchée, jusqu'à la fin de l'existence, jusqu'au bout de la vie, particulièrement à cette extrémité qui rappelle le commencement. La famille se retrouve autourt du lit du malade en souvenir d'échanges lointains qui, à l'époque de l'enfance, avaient lieu autour de la table. Les vivres demeurent la métaphore, le véhicule le plus investi dans les rapports établis, ou à établir, entre la famille et l'un des siens à l'article de la mort. Perturbé par des cellules cancéreuses, celui-ci menace de perturber aussi la cellule familiale.

Cette faillite immunitaire provoque le resserrement de liens plus humanitaires. Ainsi l'entourage immédiat cherche-t-il fréquemment à gaver le patient d'une nourriture qui met la maladie, la parole, le silence, la peur entre parenthèses, mais qui favorise aussi le contact, le don avant la fin (faim), ce qui, en quelque sorte, entretient le souvenir ou le fantasme du lait maternel, le fantasme du commencement. C'est souvent au tour de l'enfant de nourrir un parent mourant, de le laver, de l'aider à marcher, de l'endormir, de le materner. Il revient alors à l'équipe soignante de soutenir la famille et le patient au fur et à mesure de l'évolution de la maladie, compte tenu de l'expérience paradoxale de l'attachement qui se manifeste subitement et du détachement qui s'impose simultanément, ce détachement qui ne deviendra conscient ou possible que lorsque le patient manquera d'appétit, de souffle et d'énergie. Et c'est là que, très souvent :

« La confrontation avec la mort change la hiérarchie des valeurs. Bien souvent, on regrette de n'avoir pas assez aimé celui qui meurt. Une attention particulière portée à cette remise en question peut aider un proche à dégager la dynamique d'une telle prise de conscience et lui éviter le poison de la culpabilité[1]. »

Et c'est dans un moment aussi particulier, aussi difficile à traverser, que l'intervention du psychologue devient importante. Alors que le médecin s'efforce pour sa part de soulager la douleur, que l'infirmière dispense les soins qui s'imposent, que l'ergothérapeute maximise le confort, que la musicothérapeute propose des exercices de relaxation, que le prêtre, la travailleuse sociale, le bénévole et les autres aidants se préoccupent d'autres dimensions importantes associées au vécu du malade, le psychologue met l'accent sur l'élaboration d'un travail psychique centré sur la signification de la perte, du travail du trépas. Que la personne qui accompagne soit un proche, un médecin ou un analyste, il faut, selon de M'uzan[2] :

« ... qu'elle soit réellement disponible, sûre aux yeux du patient et capable de combler ses besoins élémentaires, ce qui signifie profondément qu'elle accepte qu'une part d'elle-même soit incluse dans l'orbite funèbre du mourant. »

De Hennezel[3] souligne que, en tant qu'intervenants engagés dans une relation d'aide auprès des personnes atteintes :

« Nous ne devrions pas perdre de vue que ce que ces personnes attendent de nous, c'est que nous croyions en elles, que nous croyions en

---

1. Marie de Hennezel, *loc. cit.*
2. Michel de M'uzan, *op. cit.*
3. Marie de Hennezel, chapitre 2.

cette force intérieure dont elles n'ont peut-être pas conscience, c'est que nous leur fassions confiance. »

Définir le rôle de la psychologie durant la phase terminale est, au fond, un travail d'innovation, pour emprunter de nouveau l'expression de Jean Fabre, citée plus haut[1]. Puisqu'on associe au travail thérapeutique un cheminement, on garde peut-être l'impression que l'un des atouts (ou l'une des astuces) importants liés à l'éveil d'une prise de conscience personnelle s'inscrit à l'intérieur d'un processus et du facteur temps. Dans le contexte d'une vie qui n'est pas menacée d'une mort imminente, il est vrai que le temps favorise, entre autres, l'intégration d'une démarche psychothérapique. Mais, placé devant le pronostic d'une vie vouée à une fin prochaine, l'être humain se voit au contraire rapidement propulsé dans son être essentiel. Du moins, il le désire. Le psychologue accompagne cet être qui désire, qui peut ou ne peut pas contacter ses profondeurs, qui se laisse voir dans sa déchéance, dans son dérapage, dans sa désillusion. Il cherche une attitude rassurante, pas forcément une parole, un contact thérapeutique qui libère, qui ne dicte pas une manière de vivre son mourir, une énergie qui transmet la capacité de ventiler avant de partir, une sorte d'élan qui ne retient ni ne provoque la mort qui, de toute façon, viendra. Le mourant, lui, cherche un contenant assez grand pour accueillir sa peine, ses peurs, son déni, ses moments d'espoir, sa révolte, ses silences, sa souffrance... Ce sont des réactions, des états, des étapes que Kübler-Ross[2] a pris le temps d'observer et de nous expliquer, des réactions,

1. Jean Fabre, *op. cit.*
2. Élisabeth Kübler-Ross, *op. cit.*

des états, des étapes que les mourants ont pris le temps de vivre, durant une période courte, mais cruciale. A l'unité des soins palliatifs, la vie terminale est d'une durée de vingt-huit jours en moyenne. Mais, pour le soigné, la référence au temps n'a finalement rien à voir avec la montre du soignant. Dans le chapitre précédent, Marie de Hennezel[1] ouvre une parenthèse importante à propos du temps :

> « Les Grecs connaissaient, à côté de Kronos, le dieu du temps qui dévore, un certain Kairos, le dieu du moment juste, du moment opportun. Kairos gouverne tous ces moments où justement on a l'impression que le temps est suspendu ! La souffrance liée à l'attente, au sentiment insupportable de ne pas contrôler le temps, ne peut trouver son apaisement que dans la découverte de ces moments hors du temps. »

Dans ces moments hors du temps, aussi courts soient-ils, la libération psychique, celle que certains voient plutôt comme une élévation de l'âme, peut s'opérer avant la nuit du tombeau. Le psychologue tient donc aussi un rôle d'éclaireur. Faute de temps, l'accent porte sur l'intensité de ce qui pourrait bien être la première et la dernière rencontre. Le psychologue facilite l'(ex)pression de la douleur psychique en explorant les sentiments du patient dans son expérience de confrontation à la maladie et de préparation à la mort imminente. Le psychologue centre son écoute sur la perception et sur la signification de l'expérience vivante du mourant qui oscille entre le déni et la prise en charge de son propre mourir. Mais puisque l'état-mort est difficilement représentable, quand il s'agit de

1. Voir p. 128.

142

la mort du soi, les malades s'expriment au conditionnel :

> « S'il arrive que je meure... si jamais je meurs...
> si je devais mourir... si la mort existe... vous
> vous souviendrez de... »

Le déni du soigné bouleverse la plupart des soignants.

L'équipe se sent parfois contrainte de confronter le patient et de dire la vérité, une vérité que pourtant l'on ne connaît pas, que l'on fabrique peut-être. Mais le psychologue reconnaît qu'il ne s'agit pas là de confronter le déni du patient, mais de bien entendre son rêve, son désir de continuité, son sentiment d'immortalité qui est encore plus puissant à l'approche de la mort puisque le mourant se met subitement à vivre. Le psychologue est témoin du coup de grâce que Cixous[1] décrit merveilleusement bien :

> « Au moment où il lui est signifié de mourir,
> ce qui lui est donné, c'est enfin la vie ; et ce qui
> lui est ôté, c'est le semblant de vie qu'il vient de
> trouver si tard, mais enfin vivante... Il vit une
> vie et plus : une vie plus sa fin... Alors arrive la
> grâce. Cette grâce ce n'est rien. C'est seulement
> l'occasion du renversement. Car elle arrive justement
> quand cette vie si courte touche à sa
> fin. »

Ce renversement est, au fond, le réaménagement des forces intrapsychiques, qui vient remplacer l'investissement socioprofessionnel précédant la maladie. Il est important d'aider le patient à mettre en mots le

1. Hélène Cixous, « La dernière phrase », Corps écrit, n° 1, *L'écriture*, P.U.F., Paris, 1982, pp. 93-104.

remaniement intérieur de son système de valeur. Ses nouvelles croyances à caractère spirituel contiennent souvent une défense contre la menace constante d'une mort qui a déjà sonné et le déni persiste, car il agit comme une barrière protectrice entre la destruction biologique (la destruction du corps) et la reconstruction psychique (l'élaboration d'une pensée individuelle autour de la continuité de l'être ou de la survie de l'âme) :

> « Si le sida est une maladie de l'amour, prononçait en conférence le Dr Martine Siffert, il nous faut soigner la relation blessée, il nous faut user de l'amour guérisseur, transformer notre regard, et sortir du savoir qui enferme, pour accéder à l'espoir qui libère[1]. »

Le cancer, maladie progressive à issue terminale, le sida, nouveau syndrome fatal : deux diagnostics qui interpellent soignants et soignés dans leur manière de penser la vie, deux maladies qui remettent en question nos comportements, nos attitudes, nos valeurs, nos habitudes, nos prédispositions, notre milieu de vie, nos désirs inachevés. Sontag[2] soutient que :

> « On cherche de plus en plus à associer des organes ou des systèmes essentiels à des pratiques spécifiques auxquelles on invite les gens à renoncer. Des maladies sont désormais souvent considérées comme le prix à payer pour des excès de régime et certains modes de vie. »

1. Martine Siffert, « Vivre et mourir avec le sida », texte présenté au colloque « Dimensions psychologiques et sociales de l'infection par le VIH », tenu à l'université d'Ottawa, le 17 mai 1990.
2. Sudan Sontag, *op. cit.*

Les peurs particulièrement associées à ces deux maladies paralysent les rapports interpersonnels. Elles engendrent des fantasmes essentiellement liés à la décrépitude, à la déchéance, à la pourriture, à la contamination ; elles éloignent ceux et celles qui n'osent pas dire de ceux et celles qui ne peuvent entendre ou qui peuvent difficilement regarder les corps blessés d'une mort latente ou de la mort contractée.

> « Alors que la phobie du cancer nous a enseigné la peur d'un environnement polluant, nous découvrons maintenant la peur d'individus polluants, que nous communique inévitablement l'angoisse du sida. Peur de la coupe de communion, peur de la chirurgie : peur du sang contaminé. La vie (le sang, les fluides sexuels) devient elle-même porteuse de contamination[1]. »

Mais la qualité des soins aux personnes atteintes du cancer ou du sida se situe justement au niveau du contact, de l'approche et du toucher. Et le soulagement de la peur des uns comme des autres ne prendra force que dans le complot du toucher, qui n'est pas forcément un geste de la main. Le soutien par le repère des yeux, qui bien souvent demeure jusqu'à la fin le plus intact, le plus lumineux, assure aussi un contact réconfortant, un contact qui confirme l'autre dans sa partie vivante. Le corps du mourant, c'est encore un corps vivant, bien sûr, mais ce sera bientôt un cadavre passé du monde des vivants à celui des morts. Ce mourant-là ne peut-il donc m'emporter, m'entraîner avec lui dans sa course inexorable, dans la mort, chez les morts ? Cette crainte est en nous, explique Sébag-

1. *Ibid.*

Lanoe[1], dans notre corps, comme celle d'être contaminé :

> « Ce corps vivant, déjà porteur de mort, ne va-t-il pas me la donner ? [...] Même lorsque le malade est soulagé, qu'il ne souffre pas, qu'il ne se plaint pas, il reste ce corps qui se transforme irrémédiablement sous mes yeux, il reste ces plaies ou ces escarres qui m'agressent chaque jour. Alors, comment soulager correctement, donner ma main, toucher, panser ce corps et mettre toute mon efficacité technique au service de celui qui va mourir, si je ne peux d'abord reconnaître, nommer et dire ma propre souffrance à moi qui le regarde et le touche ? »

Le psychologue n'échappe pas aux enjeux de la relation corps sain/corps malade. Il est témoin à la fois de l'altération du corps et de la détresse psychique. Tout comme les autres membres du corps soignant, il ne peut faire fi de la blessure physique, qu'il cherche aussi à soulager par la parole ou par la main. Ce travail d'accompagnement et son impact :

> « ... sont d'autant plus importants pour nous que ce corps à corps peut devenir l'essentiel d'une communication dorénavant muette parce que le malade est aphasique ou dément, ou tout simplement silencieux. Les paroles se taisent alors que les mains continuent de se parler[2]... »

Je porte encore le souvenir de cette dame qui, à la suite d'une démarche psychothérapique classique, c'est-

---

1. Renée Sébag-Lanoe, « Mourir accompagné », conférence présentée au IIe Congrès international francophone sur les soins palliatifs, en octobre 1987. (Extrait du livre *Mourir accompagné*, Desclée de Brouwer, Paris, 1986).

2. *Ibid.*

à-dire menée dans mon bureau privé, dans le face-à-face habituel, le face-à-face des corps cachés, a dû interrompre ses séances à cause des ravages de la maladie. Nous avons alors inversé le processus et j'ai accepté de me rendre au chevet de cette dame désormais clouée au lit et plongée dans la longue attente d'une mort qui s'installait au quotidien. C'est là que le psychologue, tout comme les autres soignants, se voit agressé, blessé dans son propre corps. Non seulement entend-il la souffrance, mais il la voit désormais, et de près, souffrance non plus exclusivement traduite en paroles, mais inscrite dans la chair. Peut-être est-ce là la tâche la plus difficile : entreprendre une démarche au moment même du diagnostic fatal, lorsque celui-ci n'est encore que parole, menace, probabilité, en l'absence même des manifestations de la maladie, en présence du déni de part et d'autre. Le soignant s'y fait prendre, surtout face au corps menacé par la progression rapide du sida. Sa pensée s'articule ainsi : je sais qu'il va mourir, mais peut-être ne mourra-t-il pas. Pensée contradictoire, car le mourant demeure vivant jusqu'au bout. Seul le moment de la mort, d'ailleurs presque toujours accueilli comme une surprise, comme une nouvelle inattendue, même aux soins palliatifs, plonge le soignant dans la dure réalité. Peut-être est-ce justement le clivage du moi, du moi écartelé entre le fantasme d'immortalité et la réalité de la mort, qui permet au soignant et au soigné d'entreprendre une démarche comme si... comme si la mort ne servait que de (pré)texte à la rencontre thérapeutique, une sorte de mot-clé aidant à définir le but de la rencontre. Serait-il autrement possible de travailler, d'accompagner l'autre dans son fantasme ? Alors, on espère à deux, on entreprend la route à deux, voulant si fort à deux que la maladie n'éclate pas. Juste la parole. Soignants et soignés s'y font toujours prendre. L'accompagnement — vécu d'abord en bureau privé, puis à domicile et, finalement, à l'unité des soins palliatifs d'un centre hospitalier — diffère non seulement selon les contextes ou les lieux, mais aussi selon nos approches et leur impact relationnel. Définir le rôle du psychologue à l'intérieur d'une équipe soignante est un exercice qui permet de constater les effets bénéfiques de la solidarité, de la relève, du partage, du soutien. En fonction privée, ce rôle risque à la longue de confiner le soignant à l'isolement, à la mélancolie et à l'épuisement. Le dénominateur commun associé à la capacité d'accompagner selon nos disciplines et nos approches respectives réside dans l'expression d'une joie de vivre innée ou solidement acquise. A la question : « Est-il possible de travailler auprès des mourants sans que la répétition de l'expérience ne devienne déprimante, et comment ? », je réponds : « En aimant la vie, en aimant, profondément et tout simplement. » Cet amour (je n'arrive pas à trouver un autre mot pour décrire la relation soignant-soigné en phase terminale) est dépourvu des contraintes de la vie ordinaire, comme si la tendresse avait le droit de vivre parce que la mort s'ensuit. Or, la tendresse est porteuse de joie, d'une joie qui se partage en équipe à l'hôpital, en famille à domicile, mais plus difficilement à deux. Tout simplement parce que la famille comme l'équipe cherchent à consolider leurs liens pour réparer l'absence de l'autre, ce qui est plus difficile lorsque l'on a traversé seul la longue route avec l'autre.

> « Nous ne pouvons prétendre investir un patient et l'accompagner dans son dernier parcours sans payer un certain prix affectif lorsqu'il disparaît[1]. »

1. Renée Sébag-Lanoe, *op. cit.*

Le travail du deuil collectif (verbalisé en équipe) est moins lourd que celui qui est porté en solitaire, surtout quand les pertes sont répétitives, quand la liste des patients morts est aussi longue que la liste des vivants. La mémoire des uns est une source d'énergie inépuisable grâce à laquelle il devient possible d'accompagner les autres. Survivre ! non plus accrochés à d'illusoires sentiments de toute-puissance et d'immortalité, mais bien avec l'espoir et la confiance que l'absence répétée intensifie la qualité et la richesse d'une vie limitée. Le rôle du psychologue auprès du mourant ne fait que l'éclairer dans son rapport aux vivants.

Réflexion
sur les motivations
des soignants
en soins palliatifs

« Pourquoi, n'étant ni plus morbides ni plus courageuses que les autres, avoir choisi de se retrouver chaque jour dans un univers où l'on va mourir et, qui plus est, l'envisager en toute sérénité ? »

C'est ainsi que les infirmières de l'unité de soins palliatifs de l'hôpital international de l'université de Paris posaient la question de leur motivation dans la postface du livre de Bernard Martino intitulé *Voyage au bout de la vie*[2] :

« Peut-être que, au hasard d'une rencontre privilégiée, de moments consacrés à quelqu'un proche de sa fin, nous avons pressenti que ces moments pouvaient être des temps forts de notre vie de soignantes. Peut-être avons-nous compris que ce n'était pas le fait de mourir qui était l'échec de l'hôpital, mais les véritables drames que vivent certains mourants et leurs proches. Peut-être étions-nous prêtes à imaginer auprès d'eux un autre rôle et à partager la conviction des infirmières anglaises et canadiennes que si l'on ne peut plus rien contre la maladie, on peut encore beaucoup pour le malade.

Ne pas se contenter d'assurer les seuls soins d'hygiène et de sécurité mais, avec toute l'habi-

1. Marie de Hennezel, conférence présentée à l'Institut Jean-Godinot, Reims, 1989.
2. Balland, Paris, 1987.

leté dont nos mains seront capables, avec toutes les ressources de notre imagination et de notre savoir-faire, réussir à ce que ce corps brisé et douloureux souffre le moins possible de sa dégradation, subisse au minimum sa dépendance et conserve sa dignité et sa beauté. »

Les deux grandes motivations conscientes exprimées ici sont donc :
1. Vivre des temps forts.
2. Relever un défi.

Dans un contexte où l'entrée en phase terminale est souvent vécue par le monde médical comme un échec, voici que des soignants se proposent d'y voir un défi à relever, allant jusqu'à affirmer, à la suite de Cicely Saunders, que les soins palliatifs, c'est tout ce qui reste à faire quand on croit qu'il n'y a plus rien à faire. Ce défi va mobiliser toute l'habileté, l'imagination et le savoir-faire des soignants et les contraindre à changer leur regard, à voir, au-delà de la déchéance, la beauté de la personne, du sujet. Nous verrons comment le fait même d'être confrontés à la mort entraîne un déplacement des motivations des soignants.

Dans son livre *Pour une mort plus humaine*[1], le Dr Abiven, faisant référence à la pensée de Jankelevitch sur la mort, écrit : « La maladie et la mort ne sont pas de même nature. » Contre la mort, on ne peut ni se battre ni parler d'échec ou de victoire. C'est dire à quel point celle-ci renvoie les soignants à leur impuissance et les oblige à changer leurs repères. C'est de ce changement de plan dont il sera question ici, les soins palliatifs impliquant un véritable renversement

1. Maurice Abiven, *Pour une mort plus humaine, Expérience d'une unité hospitalière de soins palliatifs,* Interéditions, Paris, 1990.

des valeurs et des priorités. La prise en considération de la qualité de la vie qui reste plutôt que de sa durée et l'écoute des besoins du patient deviennent prioritaires ; c'est le malade qui sait ce qui est bon pour lui, c'est lui qui peut dire ce qui est douloureux ou non, c'est lui, en fait, qui guide le soignant. Ce changement de plan nécessite donc un déplacement de l'énergie investie jusque-là dans la lutte contre une maladie vers une attitude d'assistance et de soutien de la personne.

Pour revenir au texte des infirmières cité plus haut, on est frappé de la dynamique qui sous-tend leurs propos, de la hauteur du défi, bref du formidable élan psychique qui anime ce choix. Il s'agit d'opérer une sorte de saut, de déplacement vers le haut qui est de l'ordre de la transformation. Là où il y a toutes les raisons de baisser les bras, de fuir ou de se décourager — en raison de la souffrance due à l'impuissance et à l'absurde auxquels vous confronte la mort —, certains soignants voient l'occasion d'un enrichissement, l'occasion de relever un défi, de transformer une catastrophe en événement plein de sens, d'accéder au symbolique.

La profession soignante, on le sait, offre la possibilité d'élaborer un certain nombre de pulsions infantiles, mais cette élaboration trouve aussi ses limites et ses obstacles. Or, la mort ne représente-t-elle pas l'obstacle majeur ? Face à elle, deux stratégies sont possibles : la déroute (vers l'arrière, c'est l'abandon ; vers l'avant, c'est l'acharnement thérapeutique) ou la transformation par l'accès au symbolique, c'est-à-dire au sens.

Ma réflexion partira donc d'un bref rapport des hypothèses proposées sur les motivations inconscientes qui président au choix de la profession soignante pour explorer ensuite le caractère plus particulier de la motivation à « se retrouver chaque jour dans un univers où l'on va mourir ».

Une recherche — menée à Gênes, en Italie, par le Service de psychologie de l'Institut national de recherches pour le cancer, à partir de douze questionnaires recueillis auprès d'oncologues et d'une étude d'un certain nombre d'auteurs (Giberti et Conforto, 1973 ; Burloux, 1978 ; Zabarenko Menninger, 1957) — fait apparaître que le choix de la profession médicale ou soignante ne s'appuie pas seulement sur des raisons rationnelles ou contingentes (intérêt intellectuel ou culturel, prestige social, vocation humanitaire), mais aussi sur des raisons plus profondes, en partie inconscientes. Le choix de cette profession aurait en effet ses racines dans les fantasmes originaires de castration et de toute-puissance magique.

Dans un ouvrage intitulé *La Science, la médecine, les maîtres* (1978), Burloux écrit :

> « Le médecin semble être attiré par une profession qui lui apporte l'ouverture à l'imaginaire, au mythe, à la toute-puissance médicale, à la négation de la différence, de la castration, de la mort, se référant continuellement à un idéal narcissique. »

D'autres semblent s'entendre avec Burloux sur le fait que l'angoisse de mort (angoisse de castration) serait à l'origine de la motivation du soignant, l'émergence de cette angoisse provoquant des réactions défensives de type magique-réparateur. Ces défenses puisent leurs racines dans les fantasmes infantiles de toute-puissance magique (omnipotence et omniscience) et servent à rassurer face à la mort. Le fantasme inconscient n'est-il pas ici de s'emparer des secrets de la lutte contre la maladie et la mort, bref de vaincre la mort ? A ces résidus de la phase préœdipienne s'ajoutent des résidus du stade sadique-anal (où, on le sait, se développe la pulsion de maîtrise, mais aussi toute la dialectique du don et du refus). La profession médicale et soignante n'offre-t-elle pas l'occasion de satisfaire à la fois ses pulsions de maîtrise et ses pulsions sadiques (conscientes ou inconscientes), ainsi que le besoin de réparation de ces mêmes pulsions ? (La bienveillance et la sollicitude pourraient être explorées sous l'angle de leurs fonctions réparatrices !)

La profession médicale et soignante pourrait alors être vue comme la formation d'un compromis entre l'exigence de nier la limite représentée par la mort (principe de plaisir) et la nécessité de composer avec elle (principe de réalité), compromis relativement fragile et, en tout état de cause, sérieusement ébranlé dans la confrontation avec la souffrance et la mort. Face à la maladie inguérissable, on assiste alors à la frustration des aspirations salvatrices, à une réactivation du sentiment d'impuissance, à une réactivation de l'angoisse de mort et donc de l'imaginaire et, enfin, à l'expression d'une agressivité. Pour se défendre contre ces sentiments agressifs, médecins et infirmières ont trop souvent recours à un clivage ; ils ne s'adressent plus à la personne mais seulement au corps malade. On assiste alors à un abandon de la personne en même temps qu'à un acharnement thérapeutique sur le corps malade.

Nous voyons donc à quel point la confrontation avec la mort peut avoir des effets négatifs sur le patient et ceux qui le soignent quand ces derniers ne sont pas conscients de la dynamique interne qui les a amenés à choisir cette profession. Cela laisse entendre qu'il pourrait y avoir aussi des effets positifs à cette confrontation. Ce sera l'objet de la seconde partie de ma réflexion.

La confrontation avec la mort peut être une expérience destructrice ou bien structurante (le stress pouvant être négatif ou positif), selon le degré de conscience que l'on a de ses motivations, mais aussi selon que l'on nie la réalité de la mort ou que l'on s'y confronte.

Travailler auprès des mourants est donc un choix qu'il faut explorer à la lumière de cette confrontation avec la mort. Nous sommes en présence de médecins, de soignants qui vont non pas se défendre contre l'angoisse et l'impuissance (on sait que le réel est moins angoissant que l'imaginaire), mais les affronter, les élaborer et les transformer. Qu'est-ce qui les pousse dans cette direction plutôt que dans l'autre ? On a coutume d'invoquer le sentiment inconscient de culpabilité qui conduirait ces soignants à rechercher des situations qui les confrontent à la souffrance et à la mort. Cette fascination pour la mort, ce besoin de l'adoucir ou de la rendre plus humaine, semblent alors répondre au besoin d'apaiser la tension interne entre le surmoi (la conscience morale) et le moi comme à celui de réparer les sentiments destructeurs liés à l'ambivalence. On retrouve d'ailleurs, chez presque tous les soignants en soins palliatifs, parmi les événements qui les ont conduits à faire ce choix, une ou plusieurs morts ratées ou escamotées. J'entends par là des morts qui n'ont pas donné lieu à un échange, qui n'ont pas été socialisées, des morts où l'humain n'a pas pris sa dimension.

Au-delà du désir de réparation, on a affaire à la culpabilité des survivants. Le fait d'avoir approché la mort et d'y avoir échappé, ou tout simplement de se poser la question : « Pourquoi suis-je vivant alors que mon père, ma sœur ou mon enfant est mort ? », engendre une culpabilité dynamique, ou plutôt une culpabilité dont le couvercle ne peut être soulevé que par un formidable désir de vie. On pense ici à ce que Françoise Dolto disait des enfants qui sont passés tout près de la mort : ils sont pleins d'énergie et de désir. De même, les personnes qui ont vécu une « NDE » (*Near Death Experience* ou expérience d'approche de la mort) retirent de cette expérience un sentiment de culpabilité (celui de n'avoir pas compris la valeur de la vie) et une dynamique nouvelle du désir (l'envie de faire des études et de s'occuper des autres). Le fait d'avoir vécu de près la mort d'un proche fait toujours plus ou moins qu'on se pose la question : « Pourquoi lui et pas moi ? »

Par conséquent, il ne faut pas négliger la valeur propitiatoire des soins aux mourants. Par ces sacrifices répétés à la mère/mort toute-puissante, l'individu retarde le moment de sa propre mort et s'assure à l'avance qu'on fera pour lui ce qu'il a fait pour les autres. On est là en face d'un nouveau paradoxe. Le soignant, par sa conduite, tient la mort à distance mais, dans son identification aux besoins du malade, il anticipe sa propre mort : chaque geste, chaque marque d'attention ou de sollicitude, chaque recours à l'humour, est chargé du désir inconscient qu'a le soignant de recevoir, le jour venu, les mêmes marques d'attention de la part d'autrui. Cette façon d'affronter la mort les yeux ouverts, de ne pas la dénier, s'enracine peut-être aussi dans la culture. Quand on constate que près de la moitié des soignants de l'Unité de soins palliatifs de Paris sont d'origine bretonne, et qu'il y a déjà deux unités de ce type ouvertes en Bretagne, on peut en effet s'interroger sur le rôle joué par une culture où la place de la Mère primitive, détentrice de la vie et de la mort, est si présente.

Sans minimiser le rôle joué par la culpabilité, il apparaît cependant que la motivation des soignants à prendre soin des personnes qui vont mourir s'inscrit surtout dans une dynamique d'évolution : les soignants ont pressenti qu'en se confrontant à leur propre souffrance et à leur propre angoisse, en l'acceptant, en l'élaborant, ils pourraient transformer leur vocation thérapeutique — essentiellement narcissique — en une activité où il y aurait de la place pour l'autre.

Dans un remarquable article paru dans la revue québécoise *Frontières*[1], Paul Frappier s'interroge sur la valeur d'exorcisme de la sollicitude des soignants. Une recherche effectuée par ce dernier laisse entendre que la majorité des soignants en soins palliatifs ont subi la perte d'un être cher, que tous ont été témoins de pertes qui ont affecté des proches, que certains ont failli mourir. S'ajoutent à ces deuils d'autres pertes : divorces, avortements ou autres. Les soignants interrogés considèrent ces événements comme des moments importants de leur vie inscrits en eux. Ces expériences de perte ont été suivies d'une transformation de leur attitude ou de leur façon d'être ou d'agir : plus grande sensibilité à la douleur des autres, acquisition d'une force intérieure, désir d'aider ceux qui vivent des situations similaires. Il semble cependant que ce ne sont pas tant les pertes en soi qui sont déterminantes dans leur choix professionnel que le réaménagement qu'ils ont fait de leur vie pour tenir compte de ces pertes et du besoin de les exorciser par la sollicitude à l'égard des humains en détresse. La plupart des soignants interrogés ont expérimenté tôt dans leur vie l'efficacité de la sollicitude. Un tel se souvient d'avoir été soigné avec amour pour une maladie infantile, un

1. Paul Frappier, « Au bout du corridor », *Frontières*, vol. 1, n° 1, Montréal, printemps 1988.

autre du bien inoubliable que lui a fait la présence aimante d'un proche quand il était dans la peine. Il y a eu identification à un bon soignant. Dans leur jeunesse, ces soignants ont appris par expérience les effets positifs d'une présence, de la compassion. Ils se sont familiarisés non seulement avec des situations soulevant des sentiments d'impuissance et d'angoisse, mais aussi avec la manière de faire face à ces situations. Est-ce au contact répété de ce paradoxe qu'ils ont acquis cette sorte de force, de résistance souple intégrant force et vulnérabilité ? Est-ce ce paradoxe qui les pousse à se confronter à des situations limites pour vivre le plus authentiquement possible ?

Je voudrais ici donner le coup de grâce à cette idée aussi répandue que fausse selon laquelle la confrontation avec la mort réactive toujours l'angoisse de mort. Ceci n'est vrai que lorsque la mort est déniée et qu'il y a fuite dans l'imaginaire. Lorsque, au contraire, la mort est affrontée comme étant le réel, il n'y a plus d'angoisse. Tout le monde sait que, sur les champs de bataille, sur les lieux d'un tremblement de terre, ou pendant une épidémie, l'angoisse de mort disparaît. Elle se consume. On oublie trop souvent que la sublimation est une combustion : le feu prend là où il y a du combustible, c'est-à-dire du réel. La mort, l'horreur, la destruction se consument dans l'action, dans l'amour de ceux qui sont au feu. Cette combustion de l'angoisse, quand on est sur le champ de la mort, pourrait bien être une des raisons qui poussent les soignants à y travailler.

Cependant, les motivations évoluent avec le temps et l'expérience. Il faudrait les imaginer le long d'un vecteur qui partirait de l'identification à un bon soignant et se poursuivrait avec les expériences de perte, le sentiment de culpabilité et le besoin de réparation qui les accompagnent, la nécessité de trouver un rempart contre l'angoisse, l'impuissance, l'absurde ; puis, à mesure que le deuil d'une certaine idéalisation a été fait, que joue davantage la dimension du don, que la souffrance est acceptée et que le soignant peut assumer sa difficulté d'être, on effectuerait une sorte de saut dans le désir de vivre de manière plus intense et plus authentique. On choisirait alors de continuer à travailler à proximité de la mort pour mieux penser la vie.

Les soignants de l'unité de soins palliatifs de l'université de Paris constatent que côtoyer la mort, loin de diminuer leur goût de vivre accroît celui-ci. Comme le chante Félix Leclerc : « C'est grand la mort, c'est plein de vie dedans. » Il y a là quelque chose qui les invite à grandir. Une enquête menée auprès des soignants de cette unité a en effet montré que la proximité de la mort change :

— la hiérarchie des valeurs : primauté de l'affectivité sur l'effectivité ;

— le rapport au temps : envie de prendre du temps pour apprécier chaque moment de la vie, qu'il soit bon ou mauvais, importance du temps présent ;

— l'attitude profonde à l'égard des êtres et des choses : prise de conscience du prix de la vie, mise au rancart des attitudes de maîtrise, de toute-puissance et de possessivité.

Cette confrontation avec le sens de la vie, cette remise en question des valeurs invitent à une forme d'ouverture, de créativité personnelle et de sublimation qui devient alors l'ultime motivation de ce choix si particulier. « Je me sens ressourcée, enrichie, j'apprends tous les jours », confie une infirmière. Le choix de vivre ces situations limites, où l'on se donne tout en sachant que cela expose au déchirement, serait une manière de vouloir vivre plus intensément, plus authentiquement. Paradoxalement, ce choix serait aussi le principal soutien du soignant.

Il semble bien que ce soit le travail psychique auquel les convoque la présence réelle de la mort qui constitue la motivation fondamentale des soignants en soins palliatifs, comme en témoigne leur besoin de parler, de partager ce qu'ils vivent, de participer massivement aux réunions, d'écrire. On pourrait faire ici un rapprochement avec le *Memento Mori* de la règle bénédictine. Le fait de côtoyer chaque jour la mort fait partie de ce que saint Benoît appelle « les outils du bien-agir ». Le *Memento Mori* pousse chaque moine à intégrer à sa vie de tous les jours la conscience de la mort. Or, la conscience de la mort remet en question le sens de la vie, dans la mesure où elle éclaire différemment le désir ; celui-ci ne peut être orienté seulement vers un but, mais vers un sens. Elle entraîne ainsi une transformation intérieure. Les soignants qui vivent avec cette présence constante de la mort sont plus enclins à vivre ce qui leur arrive qu'à poursuivre des objectifs, si nobles soient-ils.

Un défi

Survivre à la mort prochaine

Les réflexions qui suivent, auxquelles a donné lieu la relecture, dans l'après-coup, du double témoignage qui nous a été présenté, s'articulent autour de deux lignes directrices : une interrogation sur la nature et sur le statut du travail d'accompagnement du mourant d'une part et, d'autre part, une analyse des aléas et des enjeux narcissiques, pour la personne agonisante, de sa fin prochaine, à la lumière de référents psychanalytiques et philosophiques. Le tout débouche sur la reprise de considérations déjà amorcées sur la modification inévitable du rapport au temps qu'entraîne la maladie[1].

Le psychanalyste R. Zygouris[2] souligne que nous sommes tous des survivants à la succession des pertes et des deuils qui accompagnent l'être humain dès sa naissance, dont la séparation d'avec sa mère, le sevrage, n'est qu'un prototype, un symbole des composantes de l'équation qu'est la vie qui recèle des gains et pertes inhérents à son déroulement. La vie commence et se termine dans la séparation. Pour certains, cela s'effectue par des déchirures, au propre et au figuré. Pour d'autres, ces rituels de passage semblent se dérouler dans l'harmonie.

Cette dernière est-elle importante, nécessaire, doit-

1. « Le temps de mourir », conférence présentée au colloque « S'éduquer à la mort... l'intégrale de la vie », ACFAS, Montréal, printemps 1989.
2. In *Survivre. Des psychanalystes vous parlent de la mort*, Tchou, Paris, 1979.

elle être recherchée ? Accouchement sans douleur et mort sereine ; serions-nous en présence d'idéologies, de mythes parallèles ? Certaines personnes, certaines unités de soins palliatifs, ont contribué à répandre cette conception du bien mourir. Est-ce ce qui se dégage des échanges qui précèdent ? Comment se situer ? Où me situer ?

Annonçons d'emblée nos couleurs. Un postulat préside tant à ma démarche de psychanalyste qu'à mes réflexions de professeur de philosophie. La vie affective de l'être humain se déploie à travers de multiples conflits, ambivalences, contradictions qui se transforment au cours des ans, mais sans jamais se résorber ou se résoudre totalement. Leur tension même peut devenir une source de créativité pour qui apprend à tolérer, à vivre avec, à faire avec.

Il y a deux visions ou conceptions possibles de l'harmonie et de la sérénité : l'une qui abolit les aspérités, les différences, l'autre qui, au contraire, admet plutôt la coprésence d'éléments variés, souvent divergents et même contraires. On peut vouloir vivre *et* mourir, comme on peut s'accrocher de toutes ses forces à la vie au point d'être incapable de se laisser aller à mourir le moment venu. La première option peut déboucher sur une résignation à sa mort — je n'irai pas jusqu'à parler d'acceptation ! —, la seconde sur un combat acharné. Où se loge la différence ? Est-ce dans l'absence ou la disparition de l'un des pôles ? Ou plutôt dans la capacité de composer, de combiner, d'harmoniser, dans le sens musical du terme, plusieurs éléments hétérogènes ?

Comme le souligne Heidegger, l'être humain se caractérise par son inachèvement, ce qui l'ouvre à tous les possibles, à la liberté. Ce n'est que notre décès qui signe à jamais notre achèvement et la clôture de nos possibilités. L'accompagnement repose sur cette philosophie. En botanique, le terme *déhiscent* décrit « des organes clos qui s'ouvrent d'eux-mêmes pour livrer passage à leur contenu » *(Petit Robert)*. Il a été repris en philosophie dans l'expression « déshiscence de l'être » : celle-ci souligne cette quête, dans et par la relation à l'autre, de l'expression de significations qui donnent accès au sens là où son absence provoque le vacillement de la raison ; ou encore, tout simplement, elle permet de déposer chez quelqu'un, disposé à la recevoir et à la contenir, une partie éclose de soi trop lourde à porter seul, ou qui nécessite le miroir réfléchissant d'un *alter ego* pour oser advenir ouvertement à la conscience.

L'accompagnement : une ouverture

Le pari du travail d'accompagnement du mourant consiste à ne pas tenir pour acquis l'avènement de la mort psychique du fait de la proximité de la mort physique. Sorte de deuil défensif prématuré de la part de l'entourage et du mourant, mouvement d'anticipation, éteignoir dont le dessein serait l'évitement de la souffrance, des pertes successives engendrées par la détérioration physique, mais surtout par le repliement sur soi inévitable de la personne face à la diminution de toutes ses ressources ; désinvestissement, détachement progressif de l'environnement externe qui exige de se concentrer avant l'agonie sur certains points nodaux d'inquiétude (problèmes matériels et affectifs à régler) ou encore la réparation ultime de relations privilégiées d'amitié et d'amour.

Le temps de l'accompagnement se présente ainsi comme un temps d'élaboration — aussi infime, minime ou trivial que cela puisse sembler pour un regard extérieur — des bruissements de la vie affective d'un sujet qui caractérisent celui-ci et le définissent dans sa spécificité, dans ce qui en fait un être singulier et unique. La conclusion précipitée et anticipée de la fin, avant son avènement effectif, coupe ce vivant des manifestations de sa vitalité affective, dont les formes varient d'une personne à l'autre. Il s'agit ici, pour reprendre la distinction lacanienne entre besoin, demande et désir, de bien discriminer ce qui relève des besoins organiques et ce qui relève des demandes spécifiques, auxquels se doit de répondre le personnel médical et infirmier, par des soins appropriés (dont le contrôle de la douleur) et, de manière moins spectaculaire mais tout aussi importante, par cet ensemble d'attentions qui viennent soulager l'inconfort du malade ; de distinguer, donc, entre ce niveau biologique, somatique, et le champ du désir, qui inclut les aspirations, les souhaits, les émotions, les fantaisies et les fantasmes inconscients qui habitent chaque être. En d'autres termes, être attentif et présent à cette dimension chez l'autre favorise un espace où il devient possible d'être présent à soi sans être distrait par des problèmes matériels, davantage palpables et identifiables.

Accompagner, c'est avoir le souci (*sorgen*, écrit le philosophe Heidegger) de l'être authentique, c'est contribuer à la création d'un chez-soi chez l'autre, au moment où celui-ci se voit dépossédé de lui-même, étranger à ce qui lui arrive, à ce qui l'entoure ; c'est lui restituer en quelque sorte son intimité, lui permettre de s'habiter jusqu'au bout, de s'apprivoiser jusque dans sa mort.

Le statut du travail d'accompagnement du mourant l'apparente, à certains égards, au processus psychanalytique, dans lequel la fonction première, le préalable du travail de remaniement psychique (qui ne fait cependant pas partie intégrante des visées de l'accompagnement), réside dans la présence de l'autre là où il se trouve ; ce qui suppose une capacité d'accueil, une réceptivité non jugeante et non directrice, certes, mais également une aptitude à contenir, à être le dépositaire des affects, des émois de l'autre. Cette passivité active repose sur un double mouvement d'identification et de désidentification, de proximité et de distance. Autrement dit, la dissymétrie des positions permet d'éviter la complaisance malsaine, les confirmations ou mirages narcissiques, la confusion des places, des rôles et des sentiments.

Comme il est rappelé à quelques reprises dans le texte, il n'est pas donné à tous de pouvoir remplir ce mandat avec chaleur et respect envers l'autre sans y perdre, sans confondre leur histoire avec celle de l'autre. Il faut soi-même avoir frayé avec la mort, sous une forme ou sous une autre, avoir été affecté par elle, pouvoir vivre avec ses limites, composer avec l'angoisse de l'autre et la sienne. Il s'agit moins de comprendre, dans son acception intellectuelle, que d'accepter son ignorance et son incompréhension pour frayer la voie à ce qui souhaite se dire, comme le soulignent les auteurs. Winnicott[1] décrit ainsi l'espace transitionnel dans le cadre de réflexions sur la relation mère-enfant : un lieu d'échanges où l'on ne tranche pas entre ce qui relève de l'illusion et ce qui appartient à la réalité. Cet indécidable, ce flottement, permet

1. D.W. Winnicott, *Jeu et réalité. Espace potentiel*, Gallimard, Paris, 1975.

d'explorer son univers imaginaire sans l'inhiber, sans décréter par un jugement discriminatoire son sens ou son non-sens, sa pertinence ou sa non-pertinence. C'est l'accueil inconditionnel de l'éprouvé jusque dans ses formulations larvaires.

Lacan explore combien la parole authentique a besoin d'un destinataire imaginaire, dont une personne réelle accepte d'être le support, incarnant pour l'autre l'ensemble des interlocuteurs réels et fantasmatiques qui ont peuplé sa vie. L'accompagnement ne consiste donc aucunement à transmettre un savoir (comme les propos recueillis nous le révèlent), à donner des conseils, ni même, au sens étroit du terme, à faire de l'intervention. Il s'agit de disponibilité et de présence à l'autre, d'ailleurs souvent silencieuse, qui assurent au mourant l'écoute de ce que les autres ne veulent ou ne peuvent entendre. Le tact que reflète le suivi décrit en première partie ne s'apprend pas dans les livres !

Comment faire preuve de disponibilité affective sans s'imposer indûment ? Seules la délicatesse du cœur et une expérience de vie permettent d'accompagner la souffrance, sans pathos inutile ou déplacé, de laisser à l'autre l'expression de la mesure exacte de sa relation à ses émotions, sans se l'approprier, sans devenir voyeur ou, pis encore, vampire de la misère d'autrui. Il y a, dans tous les milieux où la misère humaine se déploie, des personnes qui, sous le couvert de la charité, s'en nourrissent, pour se valoriser, pour se faire reconnaître comme bonnes ou pour réparer. Les blessures à vif ne permettent guère la disponibilité. L'accompagnement devient alors une fuite en avant, une distraction de soi par l'autre.

Un désintéressement s'avère un indice important

d'un détachement nécessaire qui n'est pas de l'indifférence, loin de là ! Cela n'exclut pas pour autant les bénéfices secondaires, mais ceux-ci apparaîtront par surcroît. N'éludons pas ici la question de la réparation personnelle comme motivation possible de la relation d'aide. Est-elle incontournable ? L'éthique minimale demande, quand toute sa vie affective gravite autour de ce pôle unique d'investissement, de reconnaître la tentation de compenser des vides et des pertes personnels qui demanderaient à se résoudre dans un autre lieu. Ce dernier indice souligne, à rebours, la nécessité de se ressourcer ailleurs pour mieux départager ses besoins personnels et ceux de la personne qu'on prétend accompagner, dans ce qui doit lui appartenir en propre : il s'agit de permettre au mourant de signer sa mort, de l'endosser avec son style, son rythme, son profil psychologique, ses problèmes et interrogations et, pour relever ce défi, de ne jamais perdre de vue que l'on n'est toujours que le témoin de la mort de l'autre et que, dans certains cas, pour reprendre l'expression de Piera Aulagnier[1], nous ne sommes, de façon privilégiée, que les « ombres parlées » de l'agonisant qui n'a plus à sa disposition de syntaxe articulée, bien qu'il souhaite encore, par le langage non verbal, partager des fragments de sa vie intérieure et de sa solitude.

Rien n'a été repris jusqu'ici de la fonction de médiation du psychologue entre le patient et son entourage, de même qu'entre ce dernier et le reste de l'équipe multidisciplinaire. Il s'agit cette fois d'une tâche de traduction et de relais entre les personnes qui gravitent autour du malade. Là encore, si l'on peut

1. Lire *La violence de l'interprétation*, coll. Le fil rouge, P.U.F., Paris, 1975.

offrir ses services, ceux-ci n'acquièrent leur efficacité et leur sens qu'à la suite de demandes directes ou indirectes.

Rappelons une particularité de la tâche du psychologue à laquelle le texte ne fait que rapidement allusion : celui-ci est le seul qui arrive les mains vides au niveau manifeste, et sans revendication de liens passés avec le malade. Cela explique sans doute qu'il puisse devenir le bouc émissaire dans certains cas ; le mourant aurait trop à perdre à déverser son agressivité sur quelqu'un d'autre ! Avoir la force d'accepter cette violence, sans chercher artificiellement à la calmer ou à l'étouffer, c'est se laisser pousser dans ses ultimes retranchements, vérifier sa capacité d'accueillir l'autre et avoir l'honnêteté de se retirer quand cela s'avère impossible, comme on y fait allusion au cours de l'entretien.

Chacun a aussi droit aux raisins de sa colère lorsque les sentiments d'injustice, d'absurdité, d'impuissance, de découragement ou d'envie du bien-portant tombent dans des excès qui rendent compte du noyau même de sa souffrance morale.

Les aléas du narcissisme blessé

André Green a déjà donné à un recueil d'articles un titre qui conviendrait ici : *Narcissisme de vie et narcissisme de mort*[1]. Il ne s'agit pas là de mort réelle, mais de mort psychique, chez des patients qui ont été désinvestis ou peu investis par une mère endeuillée, absente à elle-même et aux autres ; ceux-ci fonctionnent dans leur vie adulte comme des automates coupés

1. Éditions de Minuit, Paris, 1982.

de toute vie affective. J'ai élaboré une variante au texte de Green « La mère morte », que j'ai intitulée : « Les fidèles de la mort ». Pourquoi cette allusion et ce détour ? Freud a été le premier à souligner que, sur le plan génétique, les racines du moi émanent du corps. L'individualité primitive y trouve ses assises affectives. L'enfant investit son corps propre (peau, organes internes et externes, membres), qui devient tantôt source de plaisir, tantôt source d'inconfort ou même de douleur. Cette enveloppe de chair délimite un espace, son espace. Nous avons un corps, mais nous sommes aussi notre corps. Le narcissisme primaire réfère à ce rapport affectif à notre corps, d'où émerge notre moi en tant qu'instance psychique qui nous définit, comme nous le retrouvons dans l'expression *moi, je.*

La psychanalyse fait ressortir que ce moi vit dans le leurre de son contrôle sur les autres composantes de son être ; en fait, ce qui s'avère déterminant pour la subjectivité sera moins la conscience ou la raison que les désirs inconscients qui la motivent. Qu'est-ce à dire pour le sujet qui nous occupe ici ? Pour adopter une formulation lapidaire, disons que nul ne peut être atteint dans son corps sans être atteint dans son moi et dans l'ensemble de sa psyché. L'atteinte narcissique qu'entraîne la maladie provoque une modification de l'image corporelle qui peut aller, dans des cas extrêmes, jusqu'à des phénomènes de dépersonnalisation. Notre corps fait partie de notre carte d'identité dans nos relations avec nous-mêmes et avec les autres. Son altération ébranle ce sentiment d'identité et amène aussi souvent une modification profonde des rapports aux autres. On sait comment la mastectomie bouleverse le rapport de la femme à son identité sexuelle et ses relations à son conjoint. Les études sur les membres fantômes (dans les cas d'amputation) nous rappellent que le corps biologique est aussi un corps imaginaire : le corps est un « charnier de signes », pour reprendre l'expression de Jean Baudrillard[1], et chacun n'a pas la même relation à ses parties. On ne peut définir uniquement en termes objectifs les pertes que représente pour quelqu'un la disparition ou l'altération d'un organe, d'un membre ou d'un sens. Le malaise de l'entourage devant l'inconnu que devient le malade en raison de la disparition de repères physiques familiers provoque souvent une distance et même une fuite. Le malade perçoit ces replis et retranchements, quand ce n'est pas le dégoût ou l'horreur, face à une plaie béante, à une odeur nauséabonde, à un corps décharné.

Ces considérations s'avèrent capitales pour qui souhaite entrer en communication avec un mourant de manière à tenir compte de sa désintégration corporelle. La régression affective qui en découle ne transforme point celui-ci en enfant, comme on le dit souvent à tort. Elle l'amène, à travers les méandres de la douleur, à percevoir son corps comme morcelé et à chercher des satisfactions substitutives primaires. La forme la plus évidente de cette régression est l'abandon progressif du langage articulé, auquel se substitue un langage corporel. L'acuité décuplée de l'ouïe chez l'agonisant, la sensibilité extrême de la peau, l'importance du regard (rappelée avec insistance dans la première partie), le toucher et même le rythme du souffle (que de nouvelles techniques permettent d'aborder, comme on l'a mentionné), toutes ces manifestations deviennent autant de moyens de contact et d'échange avec l'autre.

Le moi idéal du malade à jamais altéré, tout résidu

1. *L'échange symbolique et la mort*, Gallimard, Paris, 1978.

de sa croyance infantile en sa toute-puissance évanoui, la perte de son autonomie d'adulte consommée, voilà profondément écorné son narcissisme. Masquer ce fait ou le dénier serait inutile. Son narcissisme pourrait-il alors être restauré, réparé ? Doit-on même envisager cette possibilité ?

Émettons l'hypothèse que l'accompagnant, en manifestant son intérêt pour le mourant, investit celui-ci au moment où il se désinvestit et se sent désinvesti par son entourage, même le mieux attentionné, sollicité lui-même par les deuils imminents qui s'annoncent. Cette relation nouvelle et gratuite possède une valeur compensatoire sur le plan narcissique : « Je suis encore digne d'intérêt ; je puis encore être aimé. Voilà bien un signe que je suis encore bien en vie ! » De par ce qu'il est disposé à accueillir et à recueillir de l'autre, l'accompagnant devient le dépositaire de son narcissisme. Ainsi, nous dirons qu'il est l'instigateur d'un narcissisme de vie contre les forces létales du narcissisme de mort. Il est par ailleurs notoire que le narcissisme primaire de l'enfant s'installe dès la naissance à partir de l'investissement par la mère, qui se manifeste par l'étayage d'un corps de désirs sur un corps de besoins vitaux à satisfaire ; or, les métaphores les plus usuelles pour décrire en quoi consiste l'accompagnement du mourant évoquent justement des attentions maternelles, que celles-ci soient assumées par des hommes ou par des femmes.

Le temps suspendu

Le temps de la maladie mortelle, passé la révolte, la dénégation, le marchandage ou l'espoir (abondamment illustrés par Kübler-Ross[1]), devient un temps suspendu qui se distingue du temps social chronologique dans lequel se pose la nécessité de l'articulation du présent au passé et au futur. S'interroger sur le sens de sa vie et de sa mort s'avère un besoin pour le bien-portant dans son rapport au temps. Nous temporalisons constamment nos vies dans un mouvement de réappropriation subjective du temps objectif : Kronos.

La temporalisation mélange les temps, les mesure et les divise. Kairos (comme on le laisse entendre) opère la rupture des relations causales physiques normales et habituelles. Tout événement se trouve pris simultanément dans un rapport de causalité physique (son extériorité) et dans un rapport d'expression (son intériorité). Le temps suspendu dans son abrogation du passé et du futur ou, minimalement, dans sa mise entre parenthèses, crée un événement pur, pur devenir, pur présent, instant indivisible, dont la plénitude et la pérennité ne peuvent se soutenir que par un travail psychique qui estompe les frontières d'un avant et d'un après. L'agonisant serait ainsi déjà dans l'éternité d'un présent suspendu à son souffle de vie.

L'unité et l'intégrité physique, affective et morale menacées du sujet dépendent de cette unité de temps, car le passé et le futur, pour le malade, sont déjà pris dans une fatalité contraignante. Sa mort imminente met-elle en échec, et ce qui peut ou doit en être compris, et ce qui doit en être voulu, et ce qui doit en être représenté ? Un discours d'emprunt, celui du monde médical, permet l'élaboration dans un premier temps de ce qui peut être compris et constitue ainsi une tentative de maîtrise de l'événement. Le discours médical, de par l'acte même de nomination, offre des

1. *Les derniers instants de la vie*, Labor et Fides, Montréal, 1975.

balises importantes, mais il recouvre aussi l'expérience immédiate du temps de souffrance dans lequel la volonté tant du malade que du médecin est mise en échec.

Paradoxalement, la préoccupation, l'occupation préalable de l'espace mental par la maladie, évite l'angoisse de mort. Cet affairement médical, ce souci d'un objet et d'une présence — la maladie à soigner — qu'on analyse et décortique, s'effectue par le truchement d'un discours scientifique qui assure une cohérence à ce qui se présente d'emblée comme incompréhensible et absurde. Le discours médical réassure et assure que l'ordre du monde, de son monde, est préservé tant pour le malade que pour sa famille. De l'intérieur, ce discours d'emprunt devient aliénant en ce qu'il tue la parole subjective personnelle pour y substituer le discours impersonnel du milieu hospitalier. Le malade et son entourage se réfugient souvent dans cette dépendance envers ce langage objectif, désormais familier, qui permet la réappropriation organisatrice du sens de ce qui arrive. Passage d'une position passive de qui subit son destin à celle d'interprète actif.

Dans ce temps suspendu, les seules séquences, repérables et repérées, s'élaborent à partir des rythmes du corps. La différence avec le bien-portant réside ici dans l'établissement d'une périodicité autarcique (celle de sa douleur, celle du cycle de ses médicaments) qui se suffit à elle-même et n'a plus à s'articuler autour d'un temps social.

L'histoire du sujet devient l'histoire de sa maladie ; si le malade se montre souvent, somme toute, si avare de renseignements sur son histoire de vie, c'est justement parce qu'elle n'éclaire plus celle dans laquelle il est tout entier imbriqué et interpellé maintenant, bien malgré lui. Ce qui le sollicite, c'est sa relation à cette maladie spécifique.

Le passé ne vit que par et à travers la mémoire qu'on en a. Le paradoxe du passé réside dans le fait que sa survivance dépend du présent. En ce sens, le passé n'existe pas ; seule une succession d'instants présents sollicitent le sujet qui tente de les ordonner selon une causalité subjective et objective.

La référence à l'avenir s'avère elle-même paradoxale en ce qu'elle rend le présent passé ou caduc. Le sentiment mélancolique issu de la dimension éphémère du temps s'estompe devant le temps suspendu. A la limite, le mourant devient sans mémoire et sans projet. L'oubli devient source de délivrance et d'allégement. Cesser de se projeter dans le futur met fin à l'attente et à l'espoir. La famille, les proches deviennent peut-être les mémoires du mourant. Meurt-on plus aisément lorsqu'on a la conviction intime de se survivre par et à travers les souvenirs de ceux qui nous ont aimés ? Généalogie affective qui crée et perpétue une forme d'histoire potentiellement infinie.

L'association du silence à la mort, dans l'expression *silence de mort*, évoque un temps qualitativement lourd et une atmosphère chargée, alors que l'expérience de l'accompagnement de mourants renvoie plutôt souvent à « l'insoutenable légèreté de l'être ».

La littérature psychanalytique a exploré le lien entre l'insomnie chronique et l'angoisse de mort. Pensons à l'agitation des malades la nuit, à leurs cauchemars et à leurs crises d'angoisse qui les poussent à utiliser la sonnette à répétition, sous un prétexte ou sous un autre. La quête d'une présence à tout prix devant une solitude insoutenable nous interpelle dans le contexte de la relation au temps.

Deux remarques s'imposent ici. La première a trait, en référence à la psychanalyse, à la *talking cure*, qui repose sur le postulat fondamental selon lequel la parole est adressée à quelqu'un qui la reçoit, qui en devient le dépositaire et qui, éventuellement, la retourne, transformée, déplacée, à l'envoyeur. C'est l'absence de destinataire effectif et affectif à sa parole qui provoquerait l'angoisse. Pierre Routier, dans « La vieille dame qui appelait au loup »[1], illustre de façon saisissante comment un cri solitaire, insistant, un appel sans réponse, devient source de confusion mentale. Le repérage de soi-même passe donc, pour le malade, par le discours médical, mais tout autant, sinon plus, par la nécessité d'être entendu par un tiers, sous une forme ou sous une autre. D'où la place stratégique essentielle de l'accompagnement psychologique.

La seconde remarque a trait au corps. Les bruits du jour recouvrent les bruits du corps propre, dont la présence envahissante, la nuit, ne permet plus les distractions rassurantes du milieu environnant. Le corps de souffrances se présente comme un corps sans frontières spatio-temporelles limitatives. La simple présence corporelle d'une autre personne suffit souvent, avec ou sans contact physique, à border et à apaiser.

Dans « Au-delà du principe de plaisir »[2], Freud précise que la fonction principale de la répétition consiste à donner sens et maîtrise à ce qui, sur le coup, au moment où l'événement externe ou interne

1. In *Frayage*, n° 2, Montréal, 1985.
2. In *Essais de psychanalyse*, op. cit.

s'est produit, a pris le sujet au dépourvu. La réitération permettrait, par la greffe d'une signification objective (conférée par le discours médical), de mettre fin à l'effet d'effraction de la maladie, au traumatisme de sa présence trouble et inattendue. Le trauma pourrait ainsi se définir comme l'inassimilable du temps, comme la fêlure du temps chronologique avec ses effets d'après-coup. L'insistance sur la lecture médicale de sa maladie, par-delà la tentative de répondre aux attentes du milieu, devient un automatisme auquel on peut s'accrocher.

La prise, l'emprise sur le temps passerait par le langage. Que dire des silences de plus en plus nombreux chez le mourant, par-delà l'épuisement produit par la douleur et la détérioration physique ? En tant qu'analyste, je dis toujours à ceux et celles qui m'interrogent sur le processus en cours qu'il nécessite une longue patience. Attente silencieuse du pêcheur ou du chasseur qui peut favoriser l'événement ; mais, ultimement, il n'est pas en son pouvoir de le faire jaillir. Il y a de nombreux formes d'attente : l'anxieuse, la joyeuse, la paralysante, etc. L'attente implique une foi dans l'avenir, la possibilité de s'y projeter même à distance. Que dire de l'attente du mourant ? Il y a celle, évidente, d'être délivré ponctuellement ou à jamais de sa douleur. Mais encore ? Est-ce la seule attente qui lui reste ? Il lui reste, soulignent les deux auteurs du présent volume, ses représentations de l'au-delà, ses mythes et ses croyances, ainsi que ses rêves.

« La montre du fantasme n'est pas à l'heure », écrit Green. Tous ces désirs refoulés, indicibles et enfouis dans la vie quotidienne, s'agitent dans l'espace, libérés des préoccupations envahissantes de la vie sociale. A fleur de peau et de conscience, du fait de la régression massive du malade due à la combinaison de la douleur et de la souffrance, ces désirs inconscients, présents mais à jamais non actualisables, ont peut-être davantage besoin de s'étayer sur la présence silencieuse de la personne accompagnante qui veille ainsi, comme la mère auprès de son enfant, à éviter l'agitation qui le perturberait. Le discours à la syntaxe trop bien organisée réintroduit une scansion temporelle consciente qui réinsère dans le temps social objectif. Entre le langage du corps et le discours médical, le sujet recherche peut-être cette berceuse de son enfance, dont le rythme le pousse vers le sommeil, loin d'une temporalité exigeante. Le sommeil, temps où se conjuguent justement le passé, le présent et le futur, dont les rêves témoignent, temps indéterminé où la discrimination entre les trois cesse d'être nécessaire. Les sabliers modifient leur rythme quand on cesse de se référer à Kronos pour se centrer sur le pur devenir du sujet. Attendre, c'est déjà être atteint par le temps. Peut-on y échapper ?

Insister auprès des mourants pour qu'ils parlent de leur mort ou de la mort, c'est leur faire violence. C'est poser une question à partir d'un lieu où la plupart d'entre eux ne sont plus. C'est une problématique de bien-portants !

Le renoncement au possible (source de liberté et d'angoisse, comme le souligne Kierkegaard), mais aussi la disparition de la nostalgie du temps passé et perdu, suggèrent que l'assomption de sa mort imminente s'accompagne non seulement, comme nous l'avons vu, d'une modification inévitable de la relation au corps propre et aux autres, mais d'une altération radicale de son rapport à la temporalité.

La mort est inséparable du temps. La crainte de l'avenir, de l'inconnu, renvoie à l'angoisse de mort.

Suspendre le temps pour le mourant, ou vivre dans le passé pour la personne âgée, conjure l'imminence de sa mort. La suspension du temps, quelle que soit sa stratégie, renvoie à un temps sans perte et sans deuil. Elle ouvre la voie au détachement, qui est à distinguer de la résignation ou de l'acceptation de sa mort.

C'est avec beaucoup de respect que je contemple l'œuvre entreprise par les personnes qui accompagnent, jour après jour, des mourants. Une difficulté majeure réside sûrement, comme il a été mentionné, dans l'usure due à la fréquence et à la succession des deuils à effectuer. Dans le travail analytique, l'usure provient plutôt de la patience qu'exige le déroulement de l'écheveau que constitue une vie. Au début de ma pratique, j'avais écrit un article intitulé « Le processus contre-transférentiel comme travail de deuil »[1], que je trouve aujourd'hui un peu simpliste mais dont l'intuition fondamentale demeure toujours, pour moi, autant d'actualité. Dans ce texte, je nommais différents deuils que la personne qui désire écouter véritablement l'autre doit effectuer, dès le point de départ et constamment, pour se rendre disponible à l'autre. Il y a, osons le dire, une discipline nécessaire à l'exercice de ces deux types de relations d'aide. Celle-ci ne peut s'improviser et nécessite, entre autres, une supervision par des personnes compétentes et expérimentées qui n'enseignent pas, au sens de transmettre un savoir, mais qui favorisent, de par leur position de tiers, une élaboration de ce qui n'arrive pas à se métaboliser seul. Ces professions ne s'assument que dans la solitude et requièrent le recours constant à des collègues pour décanter, analyser, mettre en perspective les

1. In *Philosophiques*, vol. 4, n° 2, Bellarmin, Montréal, octobre 1977.

impacts majeurs du poids de la souffrance de l'autre sur la vie affective de ceux et celles qui s'y risquent.

L'accompagnement triomphe-t-il de la solitude du mourant face à sa propre mort ? Peut-il abolir la peur de la mort ? Non ! Recourons de nouveau à Winnicott[1] : la « capacité d'être seul en présence de quelqu'un d'autre » décrirait une des formes du repos du mourant. Être en présence d'une personne qui ne formule aucune demande spécifique favorise un sentiment océanique décrit par plusieurs auteurs comme un état de flottement, d'intimité avec les objets et la nature, dans lequel les frontières du corps et du moi semblent abolies. Retour donc à un narcissisme d'avant le choc de la dure réalité quotidienne que favorise la quiétude d'une présence maternante : le *holding* et le *caring*, écrit encore Winnicott, caractérisent cette fonction maternante.

On ne sort pas indemne d'une telle activité, tant dans son acception positive, de par son intensité et ses moments de grâce, que dans son versant négatif : l'ombre de la mort toujours présente peut entraîner une tristesse larvée qui déteint sur l'ensemble de la vie.

L'horizon de la mort s'inscrit au cœur de la vie, nous dit Heidegger. La passion de la vie, la créativité, dans ses formes les plus modestes et essentielles — l'accouchement, la découverte et le dépassement de soi — voilà, à l'intérieur même de la finitude humaine, tant pour le bien-portant que pour le mourant, une manière de nourrir son élan vital jusques et y compris dans sa mort.

L'éternité humaine réside peut-être avant tout dans

1. In *De la pédiatrie à la psychanalyse*, op. cit.

la mémoire des autres. Ainsi, ces morts qui ont été accompagnés se survivent à travers Johanne et Marie, ainsi qu'à travers tous ceux et celles qui les ont aimés. Se laisser atteindre par l'autre, c'est porter à jamais sa marque, son empreinte en soi, pour toute sa vie...

Lise Monette
Psychanalyste et professeur de philosophie
à l'université du Québec à Montréal.

Composition réalisée par C.M.L., Montrouge

IMPRIMÉ EN FRANCE PAR BRODARD ET TAUPIN
Usine de La Flèche (Sarthe).
LIBRAIRIE GÉNÉRALE FRANÇAISE - 6, rue Pierre-Sarrazin - 75006 Paris.
ISBN : 2 - 253 - 06252 - 9 ✦ 30/8042/1